毛姆

William Somerset
Maugham

毛姆
William Somerset Maugham

皮波人物国际名人研究中心 编著

国际文化出版公司

·北京·

图书在版编目（CIP）数据

毛姆/皮波人物国际名人研究中心编著. --北京：国际文化
出版公司，2013.4（2024.2重印）
（名人传记丛书）
ISBN 978-7-5125-0469-1

I.①毛… II.①皮… III.①毛姆，W.S.（1874～1965）—
传记 IV.①K835.615.6

中国版本图书馆CIP数据核字（2012）第312734号

毛姆
————

作　　者	皮波人物国际名人研究中心　编著	
责任编辑	潘建农	
统筹监制	葛宏峰　刘　毅　刘露芳	
策划编辑	刘　毅	
美术编辑	丁鉄煜	
出版发行	国际文化出版公司	
经　　销	国文润华文化传媒（北京）有限责任公司	
印　　刷	北京一鑫印务有限责任公司	
开　　本	700毫米×1000毫米	16开
	8印张	74千字
版　　次	2013年4月第1版	
	2024年2月第3次印刷	
书　　号	ISBN 978-7-5125-0469-1	
定　　价	31.00元	

国际文化出版公司
北京市朝阳区东土城路乙9号　　　　　　邮编：100013
总编室：（010）64270995　　　　　　　传真：（010）64270995
销售热线：（010）64271187
传真：（010）64271187-800
E-mail：icpc@95777.sina.net

目录

目录

从孤儿到医生

文学巨匠的童年

毛姆

威廉·萨默塞特·毛姆是 19 世纪到 20 世纪中期英国最具影响力的现实主义作家。他笔锋犀利，对人性的剖析精准、透彻。他的作品客观、讽刺，几近挑剔地审视着人性与人生。作为文学家，毛姆对这个世界的态度是冷静超然的，同时，又夹杂着智者的戏谑与平凡人的怜悯之心。这样一位具有复杂而强大心理世界的人，是如何成为举世闻名的文学巨匠的呢？要了解这段不平凡的人生，还要从他出生的那一年开始讲起。

1874 年的英国，已经在位 37 年的维多利亚女王还没有退位的意思；当年，英国政坛上的一位传奇人物迪斯雷利被选为首相；英国的众议院里腐败混乱，乌烟瘴气；爱尔兰的革命分子在伦敦制造恐怖，有 7000 人在海德公园示威，要求特赦已经被捕的爱尔兰革命分子；泰晤士河的河水猛涨，宗教人士与建筑专家就教堂的修复等问题争吵不休。

同时，在这个日不落帝国的最远处，孟加拉（今孟加拉人民共和国）发生了大饥荒，南非的祖鲁族又爆发了动乱。

在各种大事的阴影笼罩下，英国的文坛却一派欣欣向荣，出现了布朗宁和坦尼森两位文学巨匠，而卡莱尔和拉斯金声名也不在这二人之下。这一年，早于 4 年前去世的狄更斯的作品也广为流传，而且他的传记也得以出版。除此之外，还有其他的著名作品，如托马斯·哈代的《远离尘嚣》等。

而此时以"第三共和国"命名的法国，正从普法战争与巴黎公社的动乱影响中恢复过来。1 月 25 日，在巴黎的英国使馆内，爱迪丝·毛姆夫人生下了一个男孩，这已经是这个家庭中的第四个男孩儿了，他们为这个男孩取名为威廉·萨默塞特·毛姆。所有的人都没有想到，这个小家伙便是日后被称为"自狄更斯以后，最受欢迎的以英文写作的作家"。他写一部短篇小说，可赚到 1000 英镑。

小毛姆诞生的地方不是医院而是使馆，这是有一定历史原因的。1870 年普法战争，法国惨败，人口锐减，于是政府打算出台一项法令，所有出生于法国领土上的婴儿都自动具有法国国籍，这样在战争再次打响之时，他们也同样有被征召的义务。

虽然这项法令最后没有通过，但是自消息传出之后，位于巴黎香榭丽舍大道上的英国使馆便将二楼改成产房，已经有包括小毛姆在内的 3 名婴儿诞生于此。

小毛姆的双亲都属于中产阶级的家庭。他的父亲罗伯特·阿蒙·毛姆是大使馆内的法律官，负责处理法律业务。他在 1863 年娶了比自己小 17 岁的英国女子爱迪丝·玛丽·斯勒尔为妻。从外表看，罗伯特是一位长着络腮胡子的肥胖老人。他其貌不扬，可是思维却很活络，性情也活泼，他曾到过许多地方，像摩洛哥、希腊、土耳其和小亚细亚等地，搜集了很多书籍和纪念品。而小毛姆的母亲爱迪丝则五官精致秀美，皮肤白皙，还有一双褐色的大眼睛，是公认的美人。她凭着出众的容貌，在巴黎的社交圈很吃得开，常邀请一些时尚名流到家里来聚会。

因为爱迪丝患有肺结核，医生告诉她生小孩可以治愈，于是她便陆续生了 4 个儿子。小毛姆有 3 个哥哥，其中最小的一个也比小毛姆大 6 岁。小毛姆 3 岁时，哥哥们都去了英国上寄宿学校，于是他可以独享母亲的宠爱。

毛姆的家位于靠近爱丽舍宫的一条街区的公寓里，虽然算不上显贵，但也十分富足。家里雇了一个法国保姆和一个英国女管家。房间里随处可见父亲周游世界带回来的雕刻、古董、刀剑等。

幼年的毛姆生活在温馨与充满童趣的家庭里。每天都有一列驴子排着队在他家门口停下，挤满一盆驴奶给患病的母

亲。毛姆和他的法籍保姆同住一个房间，每天早上他都会去
父母的卧室里，在母亲的看护下玩闹一会儿。下午，他偶尔
会被批准参加母亲举行的茶话会，有时他会和保姆到香榭丽
舍大道，与周边的很多年龄相仿的玩伴做游戏。其中一位与
他同年出生于英国使馆的玩伴回忆说：

> ……他有着高度的想象力，经常会给我们说些很好
> 听的故事。星期天下午我母亲准许我邀请朋友到家里来
> 喝茶。威廉常常会过来，由于他的想象力实在太丰富了，
> 因此大家常让他发明些好玩儿的游戏给我们玩。

香榭丽舍大道边的人行道上有卖糖果、纸风车、五彩气
球与各种各样甜点的摊子。小毛姆有时会用一张假币来买些
东西，他天真无邪的小脸居然每次都能骗过精明的小贩们，
直让小伙伴儿们为他捏了一把汗。

虽然小毛姆每天无忧无虑，但生活却在悄悄起着变化。
父亲罗伯特的收入大不如前，可是为了爱迪丝能一直过着优
雅有品位的生活，他必须拼命工作。因为爱迪丝有肺病，为
了减轻她的病痛，一家人常到比利牛斯山下度假，这里有温
和的空气，最适合爱迪丝养病。夏天里一家人还会去温暖的
海滨度假。

到了入学的年龄，毛姆被送往一所法国学校。有一天，
他收到了一位夫人送的礼物——20法郎。当被问及想要如

何花掉这笔钱的时候，小毛姆不假思索地提出了要求，他要去大歌戏院看一出戏剧。第一次坐在戏院里，小毛姆非常激动，那出戏剧给他留下了深刻的印象。谁也不会想到，这个坐在戏院硕大的椅子上的孩童，后来竟成了一代戏剧大师。

1881年年底，爱迪丝又怀孕了。一天，她挣扎着起床，换上了一件白色丝缎的晚礼服，在为自己留下了最后一幅绝美肖像后，她便卧床不起了。

在小毛姆刚满8岁那年，爱迪丝在产床上结束了她本就虚弱多病的生命。母亲的离世让幼小的毛姆遭受了无比沉重的打击。一直生活在母亲呵护下的毛姆已经将母亲的形象崇高化、理想化了。他并不在乎母亲生前的奢侈与好享乐，只记得她的优雅与美丽。在小毛姆的眼中，母亲是端庄而慈爱的，孱弱的病体更增添了她的温柔。即使很多年以后，毛姆仍然会说："对于她的去世，我内心的伤痛永远无法平复，永远！"

母亲去世后，年迈的父亲身体越来越虚弱，不得不放弃事务所的工作。年幼的毛姆也在此时辍学，以方便看护父亲。家人为他请了一位家庭教师，为他补习英语，而这位家庭教师的教学方法就是让小毛姆大声诵读有关法制的文章。

失去母亲的伤痛还没完全平复，两年后，小毛姆的父亲也永远地离开了他。而他们在巴黎城外修建的夏日别墅刚刚完工，可是毛姆再也没有机会与家人一起在那里度假了。一度在父母呵护下过着娇宠生活的毛姆成了孤儿，而原先殷实的家产也因为母亲当年的奢侈而逐渐微薄，最后只剩下4690英镑，毛姆与三个哥哥分了这笔钱。

渐渐懂事的毛姆越来越觉得自己的相貌丑陋，他觉得自己遗传了父亲短小的体型和丑陋的五官，此外，他还遗传了母亲病弱的肺和对社交的喜爱。

毛姆的兄长们都已经成人，平日里忙碌得顾不上照顾这个弟弟。他们一直在考虑该如何安置毛姆。最后，几个哥哥一致认为，该把他们的小弟送返英格兰，让他和伯父亨利·麦克唐纳同住。

刚刚失去双亲，又要开始寄人篱下的生活，接二连三的打击加重了这个10岁小男孩的不幸。1884年夏，毛姆在保姆陪伴下乘船横渡英吉利海峡。他紧紧抓着保姆的手，站在船栏边望着渐渐远去的海滩，也许再也回不到这个充满美好和悲伤回忆的异国土地了。

几个钟头后，船在英国东南部的多佛靠岸登陆，毛姆第一次见到了英国海岸。在码头边上有成群结队的马车，毛姆见了不禁兴奋地大叫："看——马车！马车！"

寄人篱下的孤儿

毛姆的伯父亨利住在英国肯特郡的海滨小镇惠斯特堡，这个小镇离著名的坎特伯雷大教堂6英里。亨利在一个教区里任牧师。惠斯特堡是个阶级意识很浓的小镇，而此地的牧师是有一定地位且受人尊敬的职位。亨利与德籍妻子苏菲的房子在小镇的另一头，与港口相对，他们在当地已经住了13年，两人都已年过50，却膝下无子。他们住的房子宽大舒适，有花园、马厩，还有仆人和爬满屋墙的常青藤。伯母苏菲出身德国纽伦堡一位富商人家，很以自己高贵的出身为傲。

因为带毛姆来英国的保姆曾一直在毛姆家工作，为了不让毛姆勾起巴黎的回忆，亨利第二天就把保姆给打发走了。现在毛姆与他美好童年的唯一联系完全被切断，此后，他便开始了寄人篱下的生活，长达7年（其中大部分的时间，是在坎特伯雷的学校里度过的，假日才回到伯父家）。

当时的惠斯特堡是个繁荣的小镇，这里是举世闻名的牡蛎出产地，港口的业务鼎盛，能容纳300艘双桅的帆船，有大大小小的采蚝船190艘，还有一艘艘的运煤船在此卸煤。小毛姆常在港口四处逛来逛去，一逛就是好几个钟头，他看着工作的人们穿着肮脏的汗衫背负着一袋袋的煤沿着绵长曲折的街道赶往海边。他还喜欢听镇上的人说话，有时会到狭长的海滨，寻找扁平的石头玩打水漂。夏天，他还在冰凉的英吉利海峡里游泳。

这一时期的英国还是烧煤取暖，用瓦斯灯照明，自行车在这里刚刚兴起，浴室在当时还是一种新鲜玩意儿，富豪大亨可以开着顶篷敞开的小轿车在街道穿行，中产阶级则乘坐四轮马车。星期天，伯父会租用一辆双轮马车，带着毛姆去教堂主持早晨的礼拜仪式。每天早上，伯父会步行到渔市，花一先令买十几只牡蛎或大虾回来当午餐。

住在海滨胜地，空气清净，饮食也好，而且家中没有别的孩子同他争夺伯父伯母的爱，这样的生活应该算是惬意的，可是毛姆却觉得生活得很愁苦。他很不喜欢伯父亨利，在他的作品《人生的枷锁》和《寻欢作乐》中，毛姆把他的缺点逐一列了出来。从这两部作品来看，伯父亨利真可称得上是英国小说里最卑鄙的教士了——他长相不好，脑袋已经秃顶，却留着长发来掩饰；他的侄儿脚部有伤残，他却为了省些车马钱，要这个可怜的残疾人自己由车站步行来他的宅邸；他家大厅里的炉子连他的太太感冒时也不许使用，只有在他自己感冒时才可以生火；他的收入不够他带着太太去国外度假，因此他就自己一个人去；太太去世时，他要求人们在她墓前献的花要多于邻居牧师的太太；教会委员讨论墓碑事宜时，他又支支吾吾地不想花钱。他是个龌龊的伪君子，心胸狭窄而且古怪刻薄。

此外还有一些小细节显示了这个牧师的鄙吝和懒惰。毛姆的哥哥也认为他们这个伯父心胸狭窄，没有多少头脑。毛姆在笔记里记着些伯父的"名言警句"："只有能够给予你好处的人，才能与他来往。"亨利的杯子里总有威士忌酒，可平时他却把酒橱看得紧紧的。他不允许毛姆在星期天看书，而毛姆却偏偏爱书如命，他在 12 岁时已经读过了很多小说和诗歌了。

事实上伯父亨利并非如毛姆作品中描述得那样糟糕，他在毫无准备的情况下担起了父亲的职责，一时无法适应也是在所难免的，而且事实上亨利也作了很多让步，当毛姆提出想要一部脚踏车时，他也掏钱为侄子买了一辆。但不管伯父伯母如何疼爱毛姆，也无法取代父母亲在他心中的地位。失去双亲的毛姆总是闷闷不乐。

郁郁寡欢的毛姆只能从书本里寻求慰藉，这一时期他读了些像《天方夜谭》和《爱丽丝梦游仙境》之类的书。他能有这些书可读，还得感谢伯父。因为亨利也是个嗜书如命的人，时常会从坎特伯雷带一些书籍回来。

亨利并不是像毛姆笔下描绘的那么懒。当亨利初来惠斯特堡时，这里的教堂已经废弃多年，经过他的彻底重建，教堂于1886年重新启用，并且，亨利还请来了坎特伯雷大主教来主持仪式。此外，他也不可能是个彻头彻尾的守财奴。1892年，他的妻子苏菲与他在国外度假时离世，这也是他没有扔下妻子独自去旅行的最好说明。虽然他的确为妻子墓碑的修葺费用犹豫不决，最终搁置，但后来他也为了纪念自己的妻子而向教堂捐了一座大理石的布道坛。直到最后，毛姆自己都怀疑，那些记在本子里的伯父说过的那些话，会不会是一贯爱开玩笑的伯父故意为之呢？

在惠斯特堡，毕竟牧师是很受人尊敬的。1897年亨利去世时，镇上大多数的营业场所都在午后一点钟就关闭了店门，人们都去参加亨利的葬礼。这些平时善于精打细算的生意人宁可放着生意不做都要对这位已故的牧师表示追思之情，足以证明亨利生前的为人和声望。可见毛姆书中的伯父，只是一个艺术形象而已。

1884 年，毛姆花了一个夏天的时间来熟悉这个新家。秋天，他被安排到当地的一位医生家里去听课。这时的毛姆身穿一套短灯笼裤，胸前缀着白色的花边装饰，说话的时候结结巴巴。

1885 年，亨利觉得 11 岁的毛姆应该去坎特伯雷的皇家学校读书。由惠斯特堡支线乘火车到那里要 20 分钟。毛姆将从初级班念起，之后再上高级班。 这所学校很鼓励孩子们将来从事圣职，而亨利也有意让侄子按部就班地接受神职的任命。

1885 年 5 月的一天，威廉随同伯父到坎特伯雷皇家学校去见校长，他们在客厅里等候的时候，毛姆说："伯父，告诉他我是个结巴。"

毛姆并不是真的结巴，他只是一遍遍地重复同一个辅音，发出像打字机键卡住了那样的声音，他的口吃是如何引起的，至今也无法知晓。其实很多了不起的人物在小的时候都有口吃的毛病，可是他们长大后就克服了这种障碍，而毛姆的口吃却一直跟着他，直到晚年。

毛姆曾经对一位帮他写传记的作家说："你首先应该知道一件事，就是我的生活和我的作品与口吃对我造成的影响是分不开的。"因为害怕自己会在打电话和与人谈事时结巴，所以他身边一直都需要一位秘书。

在给《老妇的故事》做序时，毛姆这样描述同他一样受口吃困扰的阿诺德·本内特：

> 人们似乎都能感受到阿诺德的痛苦，他结巴得厉害，有时看着他挣扎着把话说出来真叫人难受！对他而言这是一种折磨，而有多少人能真切地体会呢？对大多数人而言，如呼吸般轻而易举的事，却能把他那紧张的神经撕成碎片。要不是口吃迫使他长期陷入深度思考状态，阿诺德很可能永远都成不了作家。

坎特伯雷皇家学校就建在坎特伯雷大教堂内，低矮的建筑立在大楼塔的阴影中，四周围绕着苍翠的老榆树。坎特伯雷是肯特郡的都城，因为坎特伯雷大教堂，这儿也成为举世闻名的朝圣中心。这座古老的教堂，连镶嵌的彩色玻璃窗都曾用于教导人们，毛姆就是要在这所注重传统与宗教的学校里度过四年。这里的孩子们头上戴着硬草帽，身上穿着带有尖领子的黑制服。

毛姆在《人生的枷锁》中对坎特伯雷皇家学校的描述十分精确。一位校长评价说："他的叙述真实地再现了当时的情况，一点儿虚构也没有，人物与建筑就如同被作者用相机拍下来的一样真实。"

从进入学校的第一天起，毛姆便因结巴受到同学们无情的嘲笑，他十分痛恨这所学校。对现实的抵触与对童年的怀念使毛姆常常在梦中回到巴黎的老宅，在那里与母亲相见，而醒来后，他却发现母亲并不在自己身边，而自己仍旧躺在硬邦邦的宿舍床上。

学校里重点学习希腊文和拉丁文，毛姆在这方面的成绩弥补了在运动方面的不足。1886 年，他考了全班第一名。1887 年，在奖学金的资助下，毛姆升入了高级班。第二年，他又赢得神学、历史和法文三科的奖项。但同学们并未因为他成绩优异而愿意与他交朋友。

毛姆升入高级班的那一年，学校换了位新校长，他叫汤姆士·费尔德，他学识渊博，在教育上也很开明，他的教学方式在其他老师看来是违反传统的，他们甚至将他视为异端。毛姆却对他十分敬仰，并多次受到他的关照。

升入了高级班后，毛姆不再像以前那样受人欺负和嘲弄了，他把自己伪装成一只小刺猬，却也因此使自己和同学更加疏离了，融入他们之中似乎变得更加遥不可及。

1888 年，毛姆去了另一个班，这个班的老师是个性情暴烈的苏格兰粗汉，学生们私底下都叫他"老古董"。在毛姆刚来这个班的第一天，"老古董"就叫他翻译一段拉丁文。虽然毛姆可以在心中把这一段拉丁文念得十分流畅，但是一看到"老古董"凶巴巴的脸，他就万分紧张，于是又开始结巴起来，惹得同学们哄堂大笑。"老古董"误以为毛姆是在故意惹大家发笑，于是大发雷霆，他愤怒地敲着桌子说："坐下，你这个笨蛋。真不知道为什么他们让你来这个班级。"

毛姆无助地坐了下来。"老古董"把毛姆的名字列上了黑名册，这本册子是用来记录有不良行为的孩子的。一个孩子一学期里如果上了三次黑名册，便会受到严厉的责罚，有时甚至还会挨打。

那年冬天毛姆刚满 15 岁，因为患了胸膜炎，他被家人送到法国里维埃拉地区（法国南部，意大利北部沿地中海地区）的一个小镇去养病。1889 年，他再次回到坎特伯雷皇家学校后，功课一落千丈，最后，他放弃了希腊文不说，连原先最出色的数学也一塌糊涂。他向伯父提出想要离开学校，可是伯父坚决反对，要他继续上学，以后好进入牛津大学，然后担任神职。毛姆明确表示他对进入牛津大学并不感兴趣，更无意将来从事神职。毛姆的执拗让亨利伯父很头疼，同时，亨利又担心毛姆会像他的母亲一样死于肺病。无奈之下，伯父只好给他办了退学手续，只要侄子能健康地活着，他想去哪里、想做什么，就随他吧。就这样，毛姆永远地离开了坎特伯雷皇家学校。

直到 1890 年，毛姆 16 岁了，却终日无所事事。亨利伯父建议他到德国去待一年，并安排他住在海德堡的一位教授家中。在海德堡，和毛姆一起寄宿在教授家中的还有一位法国学生、一位中国学生和一位在哈佛大学教希腊文的高个子英格兰人。

到了这里，毛姆才彻底从坎特伯雷皇家学校的沉重压力和回忆中解放出来。在海德堡，人们不知道他的孤儿身世，不知道他在坎特伯雷皇家学校时的窘境，他首次领略到交谈的乐趣，他和这里的人们无休止地谈论艺术和文学，彼此交换心得和观点。毛姆感受到了其中的魅力，而这种魅力也时而在他日后的作品中闪现出光辉。

毛姆和从哈佛大学来的高个子英格兰人交上了朋友，两人常到草木葱郁的山里去散步。后来高个子英格兰人到柏林去了，取代他的是一位剑桥大学毕业的英国人，名叫埃林厄姆·布鲁克斯。在布鲁克斯的影响下，毛姆的想象力被激发了出来，同时，布鲁克斯还指点毛姆读了很多有益的书。他跟随布鲁克斯学习文学，也经常到海德堡大学去听著名哲学家叔本华的讲课，渐渐地，他开始阅读起了叔本华的著作。叔本华的悲观主义思想，正好使经历了父母亡故的毛姆产生了共鸣，叔本华的哲学理论解除了毛姆对母亲的离世所背负的莫名的罪恶感，毛姆将叔本华的论点作为自己的信条，认为只有像艺术家这样超脱的人，才能将自己从人性的束缚中解放出来。

在毛姆的眼中，海德堡就意味着新观念和解放。这里有一家戏院，专门演出具有先锋思想的戏剧，其中包括当时的大戏剧家易卜生的剧本。当时，易卜生已经移居德国。有一天，易卜生坐在一家酒店里，一边喝着啤酒，一边眉头紧蹙地看着报纸。这一幕被正巧路过的毛姆看见了，他一眼认出了这位举世瞩目的戏剧大师。这次邂逅令当时还名不见经传的毛姆终生难忘。在毛姆眼中，易卜生是当时最了不起的剧作家，他撕开了传统的面纱，将人类的激情与自私毫无掩饰地暴露出来；他勇于对社会宣战，公开触及像酗酒、梅毒之类大家都不愿谈及的题材。当他的戏剧被搬上舞台的时候，整个欧洲都为之震惊，他的行为也遭到很多卫道士的反对。除了叔本华外，易卜生无疑是另一位对毛姆产生重要影响的人物。

妥协与坚持

在海德堡待了一年半之后，1892 年春，毛姆回到了英格兰，这时候的他虽然已受到了叔本华智慧与学识的熏陶及易卜生大胆前卫思想的影响，但还是不确定自己将来要做什么。亨利伯父依旧锲而不舍地劝说他去牛津大学念书，但他不敢向伯父吐露自己的志向是写作。其实在海德堡时，他就曾经完成了一部作品，是关于德籍作曲家梅耶贝尔的传记。但毛姆不懂音乐，对这位作曲家的作品又所知甚少，结果当然不尽如人意，稿子被退回来后，毛姆便将他的这第一部心血之作投入火炉，烧成了灰烬。

在亨利伯父的央求下，他的一位远房亲戚勉为其难地为他的这个侄子安排了一份会计师事务所的工作。可毛姆似乎并不领情，迫于无奈，他也只得穿得如高尚的绅士一般去事务所上班。上了几天班后，毛姆觉得自己无法融入新的工作环境，无法与其他同事愉快地相处，于是他越来越孤寂和落寞，渐渐地，他开始厌恶这份工作，间接厌恶起整个伦敦来。

一个月后，毛姆又回到了惠斯特堡，伯父看见他后既失望又气愤。在当地一位医生的建议下，伯父又安排他去学医。这个安排同样令毛姆十分反感，他不想当医生，他现在十分肯定自己想从事的职业就是写作。

"自15岁以来，我就一直不停地写作，我之所以会成为医科学生，是因为我不能堂而皇之地告诉我的监护人——我想当个作家。"在当时，一位出身尊贵的青年要以写作为生，实在是匪夷所思。毛姆不愿放弃刚刚品尝到的自由滋味，如果他不在当地念医科，就会被伯父送到牛津大学去。

于是，毛姆同意了去读医科，这一部分是他为了避免去牛津而使出的拖延战术，另一部分，他也想做一个医科学生，这样便可以对像他母亲一样无助地躺在产床上的妇女给予关切和同情了。

1892年9月，18岁的毛姆进入了伦敦的圣托马斯医院，并在这里接受了五年的医科教育和磨炼。

圣托马斯是一所教学医院，建于12世纪，位于伦敦桥南端南瓦克，1551年在皇室的特许下改为贫民医院。在这里，刚入学的学生读一些诸如《骨骼》和《解剖示范》之类的书，学校对于优劣学生设有各种奖惩制度。

毛姆在医学院附近的文森特广场租了一间房子，这栋简朴的三层楼的四面围满了灌木篱笆。毛姆的房间在这栋房子的最底层，房租是每周18先令，早晚餐每周另付12先令。学校里提供午餐，通常是一块烤饼和一杯牛奶，需要4先令。在这里生活，每年150英镑的收入不仅足够他付学费、书本费和食宿费，还可以攒下钱到国外去度假。碰到手头拮据时，毛姆会把显微镜租出去，换些零钱。

学校为每名学生配备了一张小橱柜及一个仪器箱，并建议他们每人买副骷髅。与毛姆一起学习的有60名学生，他们多数都和毛姆一样害羞，而且都对他们所要学习的医学知识充满了迷惑和畏惧。每天早上9点钟，他们都要去上解剖课，那些等待师生们解剖的尸体因为存放时间过久，皮肤变得晦暗，像暗色的皮革。因为尸体不够，学生们经常几个人共用一个器官。有一次，毛姆和另一名同学共同解剖一条腿，那个同学说："幸好这是条男人的腿。"毛姆问他为什么这么说，旁边的一名同学答道："女人身上脂肪多，比较难弄嘛！"

一次毛姆按照教科书中的说法解剖一条大腿，但有一根神经却怎么也找不到，正在他万分懊恼的时候，老师走了过来，在教材中没有提及的地方找到了那根神经。这件事令毛姆非常气愤，他万万没想到，自己向来尊行不悖的教科书竟然害他误入了歧途。老师看出了他的忧虑，便微笑着对他说："你看，这世界看似少见的事情似乎才是最正常的现象呢！"打那以后，毛姆开始留意起人世间的那些看起来异于常理的事情来，时间长了，这种观察竟成了习惯，这种细致入微的观察习惯也渐渐地开阔了毛姆的眼界和智慧。

毛姆的生活都是遵循着固定的习惯,他白天待在学校里,晚上 6 点钟回到住的地方,有时会带回一份晚报。每星期他都要到戏院去看一出戏剧。每天晚上,他都会坚持写作,对他而言,任何社交生活和学校的课程都没有写作重要,似乎来念医学院都被他看作是对成为作家的一种很好的训练,医学院的确能带给他别处所不能获得的东西———一种对人类身体结构和心灵的知识性了解。在这里,他可以亲见人类的病状,通过身体上的病痛来感受他们心灵的状态。

在医学院的最初两年里,毛姆尝试以易卜生的方式来写剧本,主旨都在于发掘人类灵魂里的秘密,剧中人物多半患上了致命的疾病,毛姆试图通过身体的疾病来展示人类灵魂的病态。当这些剧本被拒绝后,毛姆对戏院经理的无知与大众鉴赏水准的低下感觉万分失望,于是便转向小说。“我计划先写两部小说,为自己提升名气,这样那些戏院经理们就会以崇敬的态度来看我的剧本了。”

毛姆认为使自己成为作家的过程很简单,只要勇往直前,努力去做就是了。在他看来,作家就要如易卜生那样,是个社会的旁观者、艺术上的孤儿、公众的敌人。毛姆觉得自己可以从童年阴影中解脱出来,能够看透他母亲的死和他对世人的疏隔之感。

毛姆从进医学院那天起便开始记笔记,但与其他医学院的学生不同,他记载的都是对话与故事的构想,他已经把自己周围的人看成是自己故事里的人物,他认为生活不仅是一日日过下去的，也可以是一笔笔写出来的。在他"写"出的生活里，他自己是个超然的叙述者，以观察、探究的眼光来看待周围的人和事，任何一个人、任何一件事都逃不过他的眼睛和笔锋。

青年毛姆

在医院里，人们觉得毛姆是羞怯、离群甚至冷峻的一个人，难得见到他身边有朋友。事实上，毛姆在校外倒是有几个朋友，像胡塞、佩恩等，后来他出版《兰姆贝思的丽莎》时，还特别表示要献给佩恩，并对胡塞的友谊表示感激。

1894年春，毛姆趁复活节假期到意大利去玩了几个星期，由此开始了他流浪式的生活方式，这种生活方式在毛姆此后的人生中都没有再改变。他喜欢无拘无束，同时他也把旅行视为写作练习里一个必要的部分。那年春季，他动身去热那亚，背着旅行袋，口袋里只装着20英镑。他去了比萨、佛罗伦萨，并学习了意大利文，回来时经过了威尼斯和米兰。

1894年秋，他完成了医学院前两年的课程，学会了使用听诊器、配药与调制药膏，通过考试之后，便可以在病房里工作。毛姆在外科病房里巡回，担任外科医师的助手，要包扎伤口、拆线、换绷带，有时还要给病人做手术。他穿着白大褂站在手术室里，把各种器械适时地交给医生，或用棉球去擦拭血迹，好让医生清楚无误地做手术。

曾有一次，毛姆连续三天都待在急诊室里值班。他住在急诊室附近的房间里，三餐也在医院里吃，晚上一听见响铃就说明来了急救病人，毛姆便立刻跑去施救，不管他当时是在吃饭还是在睡觉。最头痛的夜晚是在星期六，常会有醉汉和被丈夫虐待的妇人来看急诊，他们有的被割伤了指头，有的被割破了喉管。

后来毛姆又在医院里的接生部门做见习医生三个星期。一天，他到手术室去，看到里面挤满了医生和护士，他们要为一名产妇做剖腹产的手术，在当时，这种手术成功的概率还很小。手术台上躺着的妇人已经流产过两次，但是她一心一意想要个孩子，因此又怀孕了，医生告诉她只有50%活命的机会，可是她和她丈夫都愿意冒这个险。手术进行得还算顺利，医生把婴儿从母体里取出来后，满脸是笑。

几天后，毛姆在病房里问起护士，那位了不起的母亲如今怎么样了，护士很遗憾地告诉他："她在生产后的当天夜里就死了，可是婴儿却手舞足蹈的，很健康。"听了护士的话，毛姆皱起眉头，强迫自己不要哭出来，这位母亲对新生命的渴望和对孩子付出的伟大牺牲让他感动。带着这种鼓舞，毛姆在产科病房做见习医生期间共接生了63名婴儿，这些婴儿大多数都是在贫民窟里接生的。为此，他时常向朋友们炫耀他是个"老接生婆"。

尝试写作

　　毛姆虽然白天在医院里要待很长的时间，而且一有闲暇就去度假，但每晚他都不间断地练习写作，笔耕不辍。1896 年年初，他完成了两个故事——《一个坏样》和《戴茜》。

　　这两部作品受到易卜生的影响，述说的是不被世俗认同的人们，在一个不能忍受的社会里挣扎奋斗的经过。《一个坏样》里的男主人公是城里的店员，在法庭上任验尸官的陪审，经历了三件由社会的不公造成的自杀案。这个经验深深地震撼了他，因此他决定要奉献一生为穷人服务。他的朋友和家人都认为他是疯了，他老婆还特意去请教心理医师来开导丈夫。这个故事的寓意自然是说社会容不下好人。毛姆以后常会回到这个主题上来。

　　在《戴茜》里边，毛姆早年的环境派上了用场。这是根据惠斯特堡的一个关于女孩和一名陆军军官私奔的真实故事而写的，只不过毛姆把惠斯特堡改成布莱克斯堡。女主人公因为跟随一个已婚的人到伦敦去而被逐出家门，后来嫁给一个有钱的男爵，她的父母因而又急于和她言归于好。毛姆通过这个情节激烈地控诉戴茜家人的虚伪。

可是这两部作品都被出版商费希尔·昂温退了回来。费希尔·昂温是印刷商人之子，自己创立了出版社，以勇于革新闻名，曾出版过几位知名作家的早期作品。昂温身材高大，蓄着胡子，精明强干，在金钱上极其吝啬，在办公室里则专横跋扈，属下都称他为"洋葱"。 昂温觉得毛姆的作品不足以给社里带来利益，便让社里的编辑给毛姆写了封退稿信：

> 这里头有些功力，不过还是欠些火候。毛姆先生有想象力，文笔也不错，但是对社会的讽刺不够深入，或者说不够幽默，还不足以引起人们的注意⋯⋯

也许毛姆并没有收到这封退稿信，只是听人家告诉他：故事太短，要他写再长一些的东西送去。这可算是个小小的鼓励，于是毛姆丝毫不觉得积极性受到了打击，开始着手写一部以他在圣托马斯医院产科病房的经历为背景的小说。医学院的教育不只使他认识人性，同时还给了他创作的题材。有了亲身的体验，毛姆写起来更加得心应手了。

毛姆对写作的痴迷，或多或少与他母亲产下死胎后去世有一定关系，也许写作可以让他通过另一种方式对与他母亲有相似遭遇的妇女给予深深的同情。这些从他的作品中可以看到，如在《兰姆贝思的丽莎》中的丽莎就是因为生产时医生来得太迟而不幸丧命。类似的还有《一个体面的男人》《克雷杜克夫人》《人生的枷锁》与《寻欢作乐》等。

毛姆作品中有关生孩子的情节，都是他的亲身经历和体验。身为产科助手，他必须在兰姆贝思的贫民窟里工作，一天平均接生3个小家伙，日夜待命。

怀孕的妇女每人有张卡片，快生产的时候，会有人带着卡片来妇产科报信，然后毛姆通常要走上一英里地或更长的路，途中他便和报信的人谈些关于兰姆贝思的事，并学会了伦敦方言和俚语等。他走上狭小的街道，进入肮脏的庭院和房屋，屋内缺乏光线和新鲜空气，然后再进入窒闷的产房里，里面点着煤油灯，他必须点燃烟斗以抵挡空气中难闻的气味。这些情景，也都成了他未来作品中的情节。

《兰姆贝思的丽莎》完稿后，毛姆再次把它送给出版商费希尔·昂温。第一位编辑读了之后，对作品的评价并不高：

作品显示出作者对伦敦底层人民的习俗和语言相当熟悉……但是该作品不适合出版，因为结构松散，没有一丝浪漫气息，且从头至尾毫无气氛，过于平淡……作者对于底层人民的粗鄙言行倒是颇为在行。总之，作为写实派的试验之作，本故事并不足取……

费希尔·昂温是个狡猾的商人，除了哄骗作家签下各项对他自己有利的合约外，他还嗅得出天才的气息，这类气息能令他获得大把大把的金钱。他认为，一个作家能写些粗鄙的俚语并不代表不具备商业价值。于是昂温又让另一位颇具名气的资深编辑看了一遍毛姆的作品，这位资深编辑主张出版，认为这部作品"对话处理得极其出色"，昂温若不出版也会被其他人出版。昂温于是又请了第三个人来鉴定这部作品，得到了同样的结论——应该出版。

1897 年秋天，当民众逐渐从维多利亚女王登基 60 年大庆的兴奋中恢复过来时，昂温出版了《兰姆贝思的丽莎》。

毛姆首次出书时，可能受到当时文学界好几种趋势的影响。19 世纪最后 20 年里，一般人对于劳工阶级的生活情况、繁华城市里的贫民窟中穷人的苦难境遇开始关注。在文学上，随着对社会状况的深入则造成了"贫民窟小说"热，一时之间，作家攫取穷人的生活作为文学素材已经蔚然成风。毛姆写《兰姆贝思的丽莎》时，所选择的即是这一派的"新写实主义"。他在兰姆贝思实习的那几个星期里，已经做了许多笔记，写下了当地人生活以及说话的方式。整体来说，《兰姆贝思的丽莎》观察入微，对于所见所闻能够精确地复制，显示了毛姆的创作天分。对于这方面他曾解释道："由于我的想象力贫乏极了，因此不得不忠于事实原貌。"同时，他也受到莫泊桑的影响。毛姆在 15 岁时就开始阅读莫泊桑作品，他曾说："在写《兰姆贝思的丽莎》时，心里想着，如果我是莫泊桑，会怎么写，便照着那样把它写出来。"

昂温出版过几套成功的丛书，19 世纪 90 年代，他策划了一套《笔名图书集》，出版了一系列廉价的平装本小说，曾在社会上掀起一阵风潮。由于作者只写笔名，读者们在阅读之余还喜欢猜测作品是出自哪位作家之手。

1897 年 4 月，毛姆与昂温签订了合约，根据合约规定，毛姆不得预支稿费，最初的 700 本也不付他版税，等卖到 2000 本时，付他 10% 的版税；卖到 4000 本时，付 12.5% 的版税；卖到 6000 本以上时，则付 20% 的版税。毛姆可得到 6 本赠书。《兰姆贝思的丽莎》将在 9 月推出，不在《笔名图书集》内，毛姆可以使用自己的全名。

"出版商警告我，这本书可能会遭到猛烈的抨击，即使这样，我也不愿意躲在假名之下。"他在后来的《一个作家的札记》中这样写道。

虽然合约内容对初出茅庐的毛姆来说并不算有利，不过当时那些与未成名的作者签订的合约内容大多如此。昂温本人倒很看好《兰姆贝思的丽莎》，时值两位知名的美国出版家来英国采购版权，虽然昂温极力推荐，这两位出版家却没有买下这部描述英国贫民生活的小说，《兰姆贝思的丽莎》直到 1921 年才在美国出版。

8 月底，毛姆经历了一生中最激动人心的时刻——6 本赠书来了。他把 6 本书精心地包装了一番，分别寄给胡塞、佩恩、海伦婶婶及亨利伯父。亨利伯父收到侄子的著作没多久便离世了，他对侄子当初的选择是否就此释怀，毛姆也无从得知了。9 月底，毛姆和哥哥哈利回去参加了他的葬礼。

昂温的推销工作做得很好，令传媒对这本书十分瞩目，《兰姆贝思的丽莎》在上市后数星期内便销售一空。书评家颇为震惊，但即使再苛刻的评论家也都承认作者的才华。《每日邮报》等一些报纸杂志对这本书也大加赞美：

> 整部书散发着小酒馆里的气息，极为沉郁，但却强撼有力，写法巧妙，是描述真实又极尽生动的佳作……不愿与粗鄙的语言风格打交道的读者们务必留意，毛姆先生的书不是写给你们看的。从另一方面来说，那些希望通过毫不粉饰和做作的描写来体味真实生活的读者，将会毫不费力地发现本书的魅力所在。

但也不乏反面的评论，《学术》杂志的《小说副刊》上曾指责毛姆剽窃：

> 上一季的成功往往被下一季的作品所仿效，《兰姆贝思的丽莎》的模仿，真是非常用心而毫不羞愧……他（毛姆）令我感到浑身污秽，仿佛刚从伦敦一处污泥里打完滚儿。

针对《小说副刊》的指责，有人奋起为毛姆辩护。威斯敏斯特教堂的修士把这本书作为星期天布道的题材。艾德蒙·弋斯是那一时期的重要文士，对于背离维多利亚时期社会主流的东西大都不接受，这次，连他也赞美起《兰姆贝思的丽莎》来，这真是令人吃惊。之后，每次毛姆和弋斯相遇，弋斯总是感叹："亲爱的毛姆！我真是太喜欢你的《兰姆贝思的丽莎》了！真庆幸你没选择别的东西来写。"

1898 年 6 月，圣托马斯医院的院报上出现了一篇评论：

> 去年，圣托马斯医院出了好几本著作，如布洛狄博士的《实验生理学》……安德森先生的《指趾畸形》。而一本由毛姆先生所作，与上述题材截然不同的《兰姆贝思的丽莎》已经大获成功，并且实至名归。

这篇评论刊出时，毛姆已经离开了医学院。他通过了所有的考试，并具有从医资格，院里一位资深的妇产科医生想留他在医院里任职，毛姆婉言拒绝了。

在医学院里的五年里，毛姆收获颇丰，不仅受到了系统的医学教育，具备了职业医师的资格，同时还为自己的作家生涯奠定了基础。这期间，他总共写了两个短篇故事和两本小说，此外，他还到过意大利等地远游，扩展自己的见闻，发掘了更多形式的欢乐、严肃和愉悦，这些经历和见识对一个年轻人来说是很少见的。

同样值得称道的，是他在决定不靠外界资助的情况下进行文学创作。毛姆每年 150 英镑的收入仅够过活。在 19 世纪末要当一名小说家，无疑要面临被埋没一生的危险。单纯靠写作能够维持生计的小说家们并不多，他们多半要同时做着其他的工作，有些在邮局任视察员，有些在律师事务所任职员，有些兼任杂志的编辑或报纸的记者，有些则做图书馆馆员。而毛姆则不同，他自打从医学院毕业之后，除了写作，其他什么工作都没做过。当时哈瓦那一家雪茄公司一度想请他写五个具有广告宣传性质的短篇故事，每篇只要 200 字左右即可，但都要以雪茄的烟味为主题。只要毛姆稍稍动动笔，就可赚得这笔钱，但毛姆却回复道："我身边的女性朋友们都告诉我说，贞操是颗无价的珍珠，我相信你们知道，我的价格也要很高的。"接着，他提出一个天文数字，此后便没有下文了。

写作是毛姆唯一从事的职业。他对它的每方面都很关心，包括有关的事务细节在内：他仔细推敲合同里面最微小的地方，对于金钱是出了名的斤斤计较，他肯答应出版商的要求，修改书中的字句，以使作品更具有"品味"。

《兰姆贝思的丽莎》成功了，第一版全部售罄，毛姆的作品一时间成为人们热切谈论的对象，这也激起了他继续创作的雄心。"我下定决心，要把自己印记在这个时代上。"他对昂温宣称自己要做个专业作家。"仅靠写作维持生计是非常困难的，"昂温警告他，"写作虽是个好支柱，却也是根非常蹩脚的拐杖。"

也许真的如昂温所说，以写作维生并没有看起来那么容易，就像一位作家所说："众神对于他们想要毁掉的人，总会先赐予他很多东西。"幸运的是，一心一意想做专业作家的毛姆在开始写作时，正逢作家与出版商之间的关系发生根本改变的时候。在获得了神的诸多馈赠后，毛姆将会如何度过未来的岁月呢？

弃医从文

从小说到戏剧

　　作家与出版商向来处于对立的两个阵营，作家们不喜欢就自己的艺术灵魂讨价还价，于是，很容易在戴了几顶高帽子之后便接受了不利于自己的条件，同时他们对于商业运作丝毫不懂，出版商便利用他们这方面的无知更加随心所欲、为所欲为了。但这种局面到了1890年被逐渐打破了。有一小批富有远见的人开始尝试一种新行业，他们介于作家和出版商之间，一手握着合约，另一手则握着预支的稿费。

　　起先，出版商对于这些所谓的"经纪人"很不欢迎，拒绝和他们打交道，他们总结道："这是一个中间人的时代。总而言之，他是个寄生虫……他把自己称为文学经纪人……这种病毒十分强烈，出版商们最好避而远之，别被传染。"

　　这时，有两个勇猛的苏格兰人，亚历山大·波洛克·瓦特和詹姆士·布兰德·品克，他们干得有声有色，使这一新兴行业逐渐得到人们的敬重。瓦特曾代理过柯南·道尔、托马斯·哈代等名家。品克也为亨利·詹姆士、阿诺德·本内特、斯蒂芬·克莱恩等人效过力。

品克个性张扬，毫不掩饰个人对作家的喜好之情，对于不欣赏的作家，他就摆明了给他看。曾有作家因品克不肯帮他，气得要死。瓦特与品克两人都一度当过毛姆的经纪人，不过毛姆的第一个经纪人是个爱尔兰籍的律师威廉·莫里斯·柯勒斯。

柯勒斯 1897 年开始担任毛姆的经纪人。从他们彼此往来的信件看，这位年轻的作家对于自己早期的成就十分关心，总是设法要使它延续下去。他对《兰姆贝思的丽莎》的销售情形一度不满，并总有怨言，因为见到《月亮和六便士》的销路很好，便要求柯勒斯去向昂温交涉，让他也出个价格低廉的版本。毛姆也时常向柯勒斯抱怨昂温是如何的吝啬。毛姆写信告诉柯勒斯写作的进度，要他帮忙寻找杂志社连载他正在创作中的小说。随着成功之时的光鲜渐渐退去，现实的艰辛日渐展现，毛姆急需将自己的作品发表出去好赚钱过活。

既然打定了主意要以写作为生，毛姆也不急于一时的创作，他雄心勃勃地拟订了一个旅游计划，想借此进行必要的生活体验作为写作素材。他计划在西班牙停留一年，学习西班牙语，然后去罗马学习意大利文，再去希腊和阿拉伯地区学习当地的语言。但实际上他只去了西班牙，顺道游历了意大利，成为通晓多种语言的作家的壮志未能如愿。

在去西班牙之前，毛姆给了昂温第二部小说的书稿。昂温一直催促毛姆再写一部贫民窟小说，可是毛姆却早已对这类小说失去了胃口。这一时期，他又受到安德鲁·兰恩的影响。兰恩劝告青年作家们从事历史类小说的写作，他认为青年人缺乏生活经验，还不能很好地看待和处理当代的事情，应当多以"过去"为素材。同时安东尼·霍普的历史小说《贞达的囚徒》大获成功，也使毛姆对历史小说跃跃欲试。无论如何，他决定根据马基雅维利所著的《佛罗伦萨史》，写一部有关 1487 年意大利弗里起义的故事。他在大英博物馆阅读了一些关于中世纪意大利的书籍，获得了准确的时间资料。1897 年他到卡普里岛避暑时，每天清晨醒来第一件事就是奋笔疾书，像写《兰姆贝思的丽莎》那样废寝忘食。这本书名为《一个圣徒发迹的奥秘》。

艾德华·加尼特对这部作品评价极高，说它"雄浑、清灵且新颖、畅达……毛姆不愧是个聪慧的作家"。有了这份赞美，昂温留下了这部书稿，而且这次所开的条件也比之前略好一些，可以预付毛姆 50 英镑作为出版费。这一年，美国知名出版商再度来英国采购版权，昂温又竭力推销《一个圣徒发迹的奥秘》，说它是第一好的小说。第一好倒未必，但它却是毛姆在美国出版的第一本书。1898 年 5 月，《一个圣徒发迹的奥秘》在美国共出售 2000 本，每本 1.5 美元。一个月后，英国版也上市了，同样出售了 2000 本，每本 6 先令。

《一个圣徒发迹的奥秘》以回忆录的形式描述了一个 15 世纪的武士对自己生平的追溯，武士在命运的安排下，最终脱离凡尘，成为一个圣徒。毛姆模拟了圣者后裔的口吻，为这部书写了一篇洋洋洒洒的序言。这部小说的情节像一出通俗剧，其中不乏血腥的厮杀场面、文艺复兴式的情爱故事和虚伪、阴谋等的噱头。

这本书显示出毛姆对格言式的写作风格极为拿手。这部《一个圣徒发迹的奥秘》不像《兰姆贝思的丽莎》那样吸引众多批评者的注意，但仍有《学术》等对毛姆并不看好的杂志对这部书进行评论："我们似乎可以辨识出这个故事里的人物，和伦敦的贫民窟中口吐脏字和下三滥的阿猫阿狗竟是如此相像。"这本书也没有像《兰姆贝思的丽莎》一样再行印售第二版。

毛姆到了西班牙之后，一直住在西南部的塞维尔。他喜欢这里，因为这儿没有语言的困扰，而且在这里，毛姆感受到了英国灰暗的天空下所感受不到的恬淡。渐渐地，他受到了当地人的影响，蓄起了八字须，抽起了雪茄，时不时地去看场斗牛赛，同时还去上吉他课。另外，他还爱上了一名神秘的女子，她的身份不明，有着一头乌黑的长发和一双黑亮的眼睛。总之，这里的一切都让他过得惬意极了：

> 塞维尔对我的意义，比它对别人的意义要多十倍。我在伦敦度过了那些令人厌倦的岁月，我的心因为有太多的企望而伤痛，我的心灵也在劳顿中日渐迟钝，直到我到了那里，它似乎是个自由的乐土。在那儿，我终于感觉到自己的青春，那里似乎是个瞭望台，可

以远眺新生。

　　在塞维尔有许多白色的房屋和能发出淡淡香味的橘树，在这样的异国氛围下，毛姆写了本西班牙游记类的书，他还写了篇稿子，但后来他决定先不发表，虽然如此，这篇稿子日后却成为他写《人生的枷锁》的依据。

　　1901 年 1 月，维多利亚女王在统治了英国 63 年后去世了。爱德华七世继承王位，此后的十年间，英国进入了理性时代与焦虑时代的过渡时期。爱德华本人的风流韵事虽然多得数不清，但是他对大众的道德标准仍然规范得十分严格。

　　不过，反对这种虚伪礼教的反应，也成了爱德华时期的一个特色。1906 时，阿诺德·本内特写了第一本完全关于离婚的小说《上帝为媒》，竟掀起了一股崇尚自我和反伪君子思潮。这在人们将所有的精力都用在报效国家上的维多利亚时代是难以想象的，而现在竟有人倡导自我意志的实现比身负的职责更重要。

　　在这段时间里，毛姆出版了不少小说，但都没有获得太大的成功。在出了一册故事集之后，毛姆便和昂温解除了合同，二人就此分道扬镳。毛姆改与哈钦森合作，哈钦森在 1901 年出版了毛姆的《英雄》。

　　《英雄》是以怀疑或者人道的眼光来看布尔战争，以及那些从未出过英国国门对实际的战争茫然无知的人们所抱的侵略主义。书中所描绘的英雄人物詹姆斯，因一次鲁莽的行动而获得维多利亚英勇十字勋章，但是他的这项行为却造成了一个人的死亡，这个人原本是可以不用死的。詹姆斯回到英国之后，倾心于自己军团里一个少校的遗孀，她却拒绝了他而接纳了另一个有钱人。他自觉无法面对在去南非之前所认识的那个善良但却无趣的女孩，便结束了自己的生命。这个故事读起来让人郁郁不乐，同时也不令人满意，大众读者不喜欢它，批评家也不喜欢。然而，它倒是再次强调了毛姆沉重的观点，他觉得同社会抗争是很难胜利的，他居然胆敢对侵略主义表示轻鄙之意，胆子可不小！这种侵略主义的势力是他从来不敢低估的。他曾经解释"容忍"就是"淡漠"的别名，也许他对英国人的命运漫不经心，毕竟，他们对他没有像对自己那样关心。如果说他的容忍缺少感情，那也是因为他有着一腔悲哀的愤怒。毛姆在《英雄》这本书上首度印上了父亲早年收藏的用来避邪的摩尔人的标记，这个颠倒着的标记也成了他日后的商标。不过这个标记似乎并未给他带来多少好运。

《克雷杜克夫人》是他经由威廉·海因曼出版的第一本小说，主题仍然写的是英国人愚蠢而一致的褊狭生活。刚看到这部书的书稿时，海因曼说只要毛姆按他的要求删掉其中的部分字句，就为毛姆出版。为了出书，毛姆只好妥协，将主人公克雷杜克夫人的一段爱情故事删掉了。虽然之前出了一部极具反响的《兰姆贝思的丽莎》，然而此时的毛姆仍然只是个要与其他房客合住在一个屋檐下的不起眼的小人物，他需要钱。这部书在 1902 年推出，但并没有预想中的那样成功，甚至连第一版都未能售完。60 年之后，毛姆又以这家人为题材出了最后一版，并将曾经删掉的部分还原。

不羁的文士

这个时期里，毛姆接触了很多当时较前卫、大胆的作家们。他当时担任了一家杂志的副主编，负责编辑一份名为《冒险》的文学类杂志。托马斯·哈代等名家都曾经投过稿。此外，他还结交了其他的文艺界朋友，如萧伯纳、弗兰克·哈里斯等人。毛姆很喜欢哈里斯，觉得他是个很好的伙伴，但是直到后来毛姆富有了，哈里斯却依旧一贫如洗。

在成为职业作家之后，毛姆为什么会选择去当编辑呢？也许是考虑到自己尚无名气，同时，也可能是对是否要坚持作家生涯感到犹豫。

《冒险》是一份寿命极短的杂志，它失败之后，毛姆便离开伦敦前往巴黎。在巴黎，有家名叫白猫的咖啡馆，这里是当时文艺界人士常会光顾的地方，毛姆在这家咖啡馆里认识了很多志趣相投的朋友。毛姆和这些文艺界的新星们结识，并随他们一起过起了放荡不羁的生活。在这里，他也遇见了终生的挚友——杰拉德·凯利，凯利是个很有个人魅力的爱尔兰人，他十分健谈，后来成了皇家学院院长。

这群豪放不羁的青年们，对于盛气凌人的服务员不留半点情面，不赏一文小费。他们终日不干正事，只是饮酒、抽雪茄，高谈阔论。

《月亮和六便士》剧照

其中不乏性情乖张、脾气古怪的人士，如有位爱尔兰画家，他毫不掩饰地流露出对毛姆的讨厌，但却肯为毛姆讲述很多关于高更的事情，在毛姆的《月亮和六便士》中还可见这位有着古怪性情的爱尔兰画家的影子。

具有野兽派气质的画家虽然狂放、傲慢而自大，但却吸引着凡事挑剔成性的毛姆。后来，毛姆把画家及其他的一众"白猫"的常客都写进了《魔术师》这本"非常枯燥而愚蠢的书"中。

在巴黎这段时间，毛姆结交的画家朋友比任何时候都多，有人认为他收藏印象派作品的兴趣可能是始于此时。事实上，毛姆到第二次世界大战时才开始大量收藏印象派的作品，不过，他对绘画的喜爱倒是深远而持久的。

1903 年，毛姆的事业出现了一道曙光，戏剧社要上演他的第一出剧本《一个体面的男人》。因为戏剧社是一个带有学术性质的机构，他们所搬上舞台的作品都是非商业性的。对于一个剧作家来说，如果自己的剧本能被戏剧社搬到舞台

戏剧家毛姆

上，那可是一种莫大的肯定和光荣。这类演出并不像通常的话剧那样有一段档期，但它却是伦敦文艺界向世人展示新晋才子的窗口。这个剧本原本是1898年在罗马完成的，只是当时并不被各大戏院经理看好。

1904年，《一个体面的男人》将要在大街戏院首演。听说毛姆的戏剧要公演，本来要出国的哥哥哈利决定留在伦敦不走了。哈利是位有着作家梦的职业律师，也曾出过书，但并未在出版界引起任何反响。在毛姆的戏剧被搬上舞台后，他在伦敦租了间房子，埋首写着那些可能永远都不能上演的戏剧。毛姆时常会去看他，但哈利却越来越古怪，到乡下去时他不肯坐火车出行，偏要骑自行车。他总是抱怨头晕，每次兄弟俩见了面，哈利就批评毛姆的作品低级而浅薄，觉得自己虽然挣扎在饥饿的边缘，却保持着完整的艺术家的人格。他对于喜好交际，成天在时髦的派对里打转的雄心勃勃的弟弟很不屑。

《一个体面的男人》终于首演了，朋友们都穿着体面的晚礼服去捧场，哈利身着邋遢的蓝色西装，满嘴酒气地恭贺毛姆说："我很高兴看到我的小弟弟事业有成。"

一个晴朗的夏天，毛姆来看哈利，发现他衣着整齐地躺在床上，地上有一个空硝酸瓶。毛姆立刻叫了车子把他送到医院。但由于毛姆发现他时，他已经辗转反侧痛苦三天了，在被送到医院的那一刻，哈利便死了。死亡证书这样写着："死者死于硝酸中毒，体力不支，因意志薄弱而自杀。"虽然大伙都认为毛姆的成就与哈利的落魄之间的反差是致使哈利自杀的原因，但毛姆却不这么认为："我相信使他了结自己的，不只是他的失败，同时还有他选择的生活方式。"

处理完哈利的丧事，毛姆便又回到法国，重新融入放荡不羁的文士生活。他还是最喜欢与凯利相处。凯利的个子不高，毛姆不喜欢与比自己个子高的人交朋友，他对身高极其敏感。在毛姆和凯利的世界里，两人都是非传统的英国绅士、艺术家。

多年前，毛姆结识了哈利·菲利浦。菲利浦是牛津大学学生，因为考试没及格，被毛姆邀请去做秘书兼伙伴。1905年2月，毛姆带着菲利浦搬进巴黎的一处公寓。菲利浦经常会有不得体的言行举止，他总是担心这些招致毛姆对自己的厌恶。但不久后，菲利浦便再也无法忍受毛姆："他的怀疑主义真让人沮丧！我一向凭冲动和感觉行事，而他却认定人们做事都一定是有动机的，我觉得很难同他一起生活。"1905年，菲利浦离开了他的老板兼伙伴，返回了伦敦。

趁着《一个体面的男人》的剧本被搬上舞台，毛姆将其中一部分改头换面，又写成了另一部小说《旋转木马》。戏剧社演出了《一个体面的男人》之后，趁热打铁，又把下一部小说改编后安排在大街戏院演出，虽然结局有所修改，但这次却没有带来更大的成功。

毛姆回到伦敦，可能是要出版《旋转木马》。这是一部实验小说，作品的实验处理谈不上巧妙，也看不出作者对传统文学形式的攻击有多少信心，不过它倒是显示了作者对于自己艺术家生涯的怀疑。在毛姆看来，自《兰姆贝思的丽莎》之后，就没有一件事情是顺利的。毫无悬念地，《旋转木马》遭遇了令人痛心的惨败，这使毛姆十分惶恐，并因而兴起了离开海因曼的念头。结果他离开了经纪人柯勒斯，因为是柯勒斯费尽唇舌说服海因曼出版的《旋转木马》，毛姆认为，柯勒斯早该将这部书稿扔进泰晤士河里去才是。阿诺德·本内特介绍毛姆去找品克代理，品克答应毛姆替他出版《主教的围巾》一书。

进退两难的剧本

自《兰姆贝思的丽莎》以来，毛姆多次写作均不成功。1902 年的夏天，他开始着手创作《魔术师》，想以怪异的情节来吸引大众的注意。魔术师的主人公原型就是著名的灵异学家和魔术师阿雷斯特·克罗利。与毛姆相对规律而有节制的生活方式不同，克罗利凡事都很过头和偏激，终日胡言乱语，说自己是在传达神谕。他最喜欢谈论转世，遇到有人称他魔术师，他便会很严肃地说："我宁愿人们称我为魔鬼的兄弟。"他练习瑜伽，还经常举行神秘仪式。

毛姆认为克罗利是个冒牌货，喜欢吹嘘和夸大自己做过的一些事情。在《魔术师》里，毛姆对克罗利的描述几乎毫无隐饰，除了把名字改成奥利弗·哈多以外。作品中的哈多是个高大结实的人，喜欢使用华丽的辞藻把事情描述得天花乱坠。

1908 年，《魔术师》出版了。被塑造成主人公的克罗利却不以为然，并对此有着自己的说法：

> 1908 年岁末我无意间捡到一本书。书名强烈地吸引了我，叫《魔术师》。它的作者不是别人，竟是我旧日的好友毛姆先生，我慈悲、年轻的医生啊！真令人难以置信！他的住处、他的聪明言论……我发现每一处字句、每一个段落、每一页内容竟然熟悉得叫人纳闷……这真让我感到骄傲，因为这个魔术师——奥利弗·哈多，正是在下。我从来也不晓得，剽窃还可以这般千变万化，这般包罗万象而又这般恬不知耻！

除了以上言论外，克罗利还在当年年底，以奥利弗·哈多为笔名向一家杂志社投了一篇稿。在这篇文章里，他把《魔术师》中与其他书本中近似的字句依次列了出来，共有四本之多，强烈地指责毛姆抄袭。他总结道："毛姆的写作方法就是找几本与题材有关的书，把它们整个抄进书中，有时是一字不漏地抄，有时是修修补补地拼接。"

毛姆遭人指控抄袭并不是头一次了。他在 1933 年版的《月亮和六便士》的序言中为自己辩解说："就一个作家偶尔采用其他作家作品中的一两个情节而被小题大做是没有道理的。只要能善加利用，他就可以把它当成自己的东西……我要说，任何作家都可以采撷别的作家作品中对自己有利的部分。"

《魔术师》虽然引起了一阵涉嫌抄袭风波，但因为质量平平，因而销售上并未造成毛姆期盼的轰动。但是，这已经无关紧要了。他在为 1907 年写成的一部剧本《弗雷德里克夫人》各处寻求演出的机会。这时，一位百老汇戏剧制作人乔治·泰勒，正在欧洲进行一年一度的观光采风。经人介绍，泰勒见到了毛姆，并给了毛姆 1000 美元的稿费，约定以一年为期限，演出《弗雷德里克夫人》。

泰勒建议这出戏要再活泼点才行，于是毛姆答应再多添加一些俏皮话。当时的欧洲大陆，鸡尾酒还是新鲜玩意儿，泰勒请毛姆喝了两杯这种漂亮的液体，从此，毛姆养成了在午、晚餐之前都要喝一点不太甜的马丁尼酒的习惯，这也成了伴随他终身的一个习惯。

泰勒很喜欢《弗雷德里克夫人》这个剧本，因为它的情节是以一个主角为中心而发展。毛姆认为一个好角色若能获得某个知名演员的青睐而出演，将是吸引观众的一大亮点。可是没有一个女演员肯接受弗雷德里克夫人这个角色，因为其中有场梳妆台前的戏，弗雷德里克夫人为了拒绝一个青年的追求，让他看着她如何在原本平庸的脸上化妆，如何戴上迷人的假发，使他明白她的美丽其实是多么的虚无。其中一幕的舞台说明是："（弗雷德里克夫人）自幕后走出。她穿着一袭睡服，头发散乱缠结如扫帚一般悬在脑后。她没有化妆，看来憔悴、病黄且布满皱纹……"就此，泰勒也无奈地回应：

> 我买下它时，心里想到一位很适合出演弗雷德里克夫人的女演员，可是她怎么也不肯接受这个角色。后来我又把剧本给另一位夫人看……她却问我是否存心要羞辱她。那时，我一年的期限已满，所以便放弃了……

到 1906 年，毛姆已经完成了包括《寻欢作乐》《探索者》在内的五部喜剧剧本，他的经纪人想尽办法要把它们推销给戏院的经理们。《弗雷德里克夫人》不断地被伦敦各个戏院经理推来推去，拒绝的理由都是一样的：没有女演员肯演出梳妆台的那场戏。毛姆在伦敦的戏剧界已经找不到容身之处。

这一时期毛姆的年收入大约是 250 英镑，他老早就动用起了老本，父亲留给他的遗产眼看就要花光了。他打算回到医院去上复习课程，然后找个航海医师的职位，这种工作是获得学位的伦敦医生都不肯做的。

在切实地实施行医的计划之前，毛姆还是不顾手头的拮据到西西里岛参观希腊神殿去了。这时英国皇家宫廷戏院的经理奥索·斯特劳斯刚刚做生意赔了一大笔，很需要一出戏来填补六个星期的空档。毛姆的经纪人便把《弗雷德里克夫人》卖给他，而一位伦敦知名的女演员竟然很有勇气地接受了这个角色。当这个消息传到刚刚抵达西西里岛东北部海港的毛姆耳朵里时，他对希腊神殿的兴趣顷刻间烟消云散了，他立即写信给经纪人：

> 你的信真让我喜出望外……我要花三天的时间才能赶回去，在我伟大的奥索毁了演员阵容之前能够回到伦敦，所有之前拒绝我的经理都是天生的白痴。

毛姆立即跳上驶往巴勒摩的火车，再搭客轮前往那不勒斯。在搭乘去往马赛的轮船时，他态度高傲地要他们卖给他一张头等舱的船票，他的气势如此慑人，售票员竟然不敢违拗。就在去马赛的船上，他把最后的 2.5 先令扔到了船上开设的赌桌上，居然赢了不少钱回到伦敦。

这一天一大早，毛姆昂首阔步地走进了皇家宫廷戏院。经历了多年的失败，他的戏剧终于可以在伦敦的大戏院里演出了，而且饰演主角的还是伦敦演艺界的明星，他的兴奋可想而知。

《弗雷德里克夫人》在 10 月开演。毛姆的长嫂在日记中写下了首演当天的情景："他（毛姆）非常苍白而沉默，坐在包厢的后头。这出戏……十分诙谐有趣，我相信它会赢得大众的赞赏。"

果然，第二天早上毛姆醒来时，发现 31 岁的自己终于一夜成名，他成功了。原是用来应急的《弗雷德里克夫人》在伦敦西区的 5 家戏院共演了 422 场。各界的评论都充满了认可与褒扬的词句。当时《学术》杂志的戏剧批评家是奥斯卡·王尔德的密友，他评论道：

> 《弗雷德里克夫人》是一部完美的作品，因为作者对于他所写的东西极为用心……并且也经过努力而获得了最大的成功。这是完全而辉煌的成功……是对一个迷人的个性所精心安排的一番明智而又新颖的探究。

在《弗雷德里克夫人》演出一年时还举行了庆祝会。《弗雷德里克夫人》开启了毛姆不间断的剧作生涯，在往后的 26 年里，毛姆创作的 29 部作品被搬上舞台。

金钱、婚姻与政治

毛姆对金钱十分着迷，一次他对一位美国女戏剧家说："爱情或许可以使这个世界旋转，可是支撑它旋转的轴承却是金钱。"

像所有怯懦而孤独的人一样，金钱对于毛姆更像是一种保护，在他和与他敌对的世界之间，建起了一道围栏。他为了使这道围栏更结实、更高大而孜孜不倦地追求金钱，先是勤勉而热烈，后来渐渐上了瘾。

毛姆对金钱的过度在意使他背上了吝啬的名声。他的侄儿罗宾回忆，1944 年，毛姆的《刀锋》刚刚替他赚进了 50 万美元，可是在一个寒冬的日子里，他要从医师的诊所到酒店去，街上积满了厚厚的雪，他却舍不得坐计程车而非要搭公车。

对于不必要花的钱，他一分钱也舍不得花，但对于他认为必要的花销，他却爽快得很。他的一处住所的维护费，加上仆人与园丁的工资，一年高达 2 万英镑，他却丝毫不觉昂贵，但若是在可以搭巴士的情况下坐计程车，他就坚决不干。对于从口袋里出去的每一分钱他都斤斤计较，但对于大笔一挥就付出数万美元的支票他却很慷慨。他曾经给旧日的学校捐了 1.5 万英镑，如果将他捐出的图书与手稿也算在内，那就更多了。1947 年，他建立了一个一年一度的奖励基金，奖额是 500 英镑。让一个年轻的英国作家到处去旅行，他也会送现金。他还常常匿名送些钱给许多穷困潦倒的作家。

毛姆很喜欢默默行善，可是他却不喜欢人家向他借钱。有一次，他的侄女对他说："叔叔，我好崇拜您！可是……我能向您借点钱吗？"

"一分没有。"

"可是叔叔，我是您的可怜的寡居侄女呀！"

"那就容我恭喜你这愉快的处境吧！"毛姆说。

毛姆对于金钱的着迷，不只见于日常生活里，他的剧作中也处处渗透着他的金钱观念。令毛姆一夜成名的《弗雷德里克夫人》像许多他其他的剧本一样，处理的是婚姻与金钱的问题。

毛姆利用金钱制造了剧中的悬疑，至于婚姻，它既是问题的解决办法，也是坑人的陷阱。如剧中一个青年人娶个年长的妇人，这是陷阱；一个债台高筑的妇人嫁给一个有钱人，这是解决问题的办法。在几乎所有毛姆的剧本中，婚姻都是一件关键的事，是社会抑制个人自由的方法，是对社会认同的一种测试，同时也是解决问题的策略。

除了金钱和婚姻的观念外，《弗雷德里克夫人》里还体现了毛姆对犹太人态度的暧昧、矛盾。如毛姆在剧中安排了一个具有讽刺意味的犹太人——蒙哥马利船长，他想通过弗雷德里克夫人而跻身贵族，但等她拒绝自己时，他便拿出两张借据，要求她即刻还钱。毛姆要求蒙哥马利这个角色不要选一个粗俗的人来饰演，他觉得若是过分夸大就会显得滑稽可笑了。

　　毛姆在信件中和作品里对犹太人进行不敬的描述与评论，但在第二次世界大战期间，他又设法免除犹太人作家被拘禁的命运，并结交了很多犹太人朋友。他甚至于愿意相信自己后来的妻子西莉便是犹太人。

　　毛姆很快就发现，成功就像是滚雪球，越滚越大。由于《弗雷德里克夫人》票房极佳，得以长期演出，市场上也开始渴求同类的东西。毛姆吃了多年的闭门羹，现在却要从箱底翻出一本本曾经遭受过拒绝的剧作来，以应市场的需要。

　　1908 年，英语戏剧的两大制作人之一的查理斯·福罗曼开始接纳毛姆的剧本。过去那些不把毛姆放在眼里的戏院经理们现在也纷纷围绕着他。当年 6 月，连《弗雷德里克夫人》在内，毛姆一共有四部作品在伦敦西区的戏院里上演。"看过毛姆的话剧吗"已经成了当时人们最普遍提到的话题之一。

　　这时的毛姆声势夺人，他的名字出现在节目单、广告栏及公共汽车上，毛姆几乎是无所不在。当时的一本杂志上还刊登了一幅漫画，画中萧伯纳咬着手指站在毛姆四个话剧的广告展板前。

此后，毛姆的生活被访问、拍照填满了。他为自己买了一幢荷兰式的红砖建筑的公寓。佩恩与他同住，并为他处理财务。他还被提名为一家戏剧俱乐部的会员，并且不久之后，一跃成为理事。这一年，他让凯利为自己画了一幅画像。后来，毛姆还在宴会里认识了托马斯·哈代，两人相谈甚欢，哈代对毛姆颇为赞赏，但是没有弄清他的姓名，竟问毛姆在哪一行高就。

毛姆的《朵特夫人》分别在柏林、哥本哈根、列宁格勒等地演出。1919 年，米高梅公司将《弗雷德里克夫人》拍摄成了一部电影，《杰克·斯特洛》和《探索者》也被拍成了电影。

毛姆编剧技巧纯熟，语言风格细腻，幽默如迅捷的闪电，这些都为人所称道。他在有生之年，一直看着那些花花绿绿的钞票像潮水一样从四面八方向他涌来。他从此再也不曾穷过。

1908 年 9 月，毛姆趁着创作的空当前往意大利度假，在当地盘桓了两个月。他已经答应了福罗曼要为一名女演员写一个剧本，叫《丈夫与妻子》，后来毛姆又将它改名为《珀涅罗珀》。

据毛姆所说，写《珀涅罗珀》是用来巩固自己对大众的掌握的。在作品中，毛姆赞同爱德华时代人们的观点，认为女人对于丈夫的不忠应该智斗，而不是报复。

1909年，《史密斯》上演，这是自《一个体面的男人》以来，毛姆对社会抨击得最猛烈的一次，他将自己对女子的憎恶毫不掩饰地暴露在观众面前。剧中，贵族夫人沉湎于桥牌，置家庭、丈夫、孩子于不顾。《史密斯》是戏院史上第一部以桥牌戏开场的一出戏，其中一位夫人为了玩桥牌，把生病的孩子留在家里。到第三幕里她们又在玩牌时，她先生打电话来告诉她说孩子死了，而其他的牌友得知这一消息后，对于游戏被打断都烦怨不已。毛姆以残酷的手法显示了剧中人的冷酷无情。与这些贵妇人截然不同的是女佣史密斯，她勤劳、聪明、言行得体。

虽然毛姆憎恨那些沉迷桥牌的贵妇人，不过，在日常生活里，他对桥牌戏倒是十分热衷。桥牌戏在他许多书本和故事里都曾出现过。他把牌桌看成是研究人性的一个课堂，几局下来，就可以对一个人有基本的了解。

《史密斯》上演后场场爆满，观众不断要求作者出场谢幕，可是毛姆却没有露脸。这出戏在纽约演出一百一十多场，后来还被拍成电影。

成名后的毛姆不得不在外表上多下工夫，将自己弄得潇洒一些，因为他总是不间断地接到女士们的邀请出席各种舞会。其中有位阿鲁森女士，在温莎堡附近的斯托克有一栋大房子，一到夏日，她便召集一众贵宾来家里聚会，被邀请的人中不乏贵族、政治家与文艺界的知名人士。毛姆被这群有权有势的人们的高谈阔论包围着，感觉治理大英帝国是他们的家事似的，毛姆觉得他们多半才识平庸，唯一让他觉得例外的，就是温斯顿·丘吉尔。丘吉尔当时才娶了美妻，正在政界中迅速地爬升，毛姆对他非常敬重。

一天晚饭后，男士们都聚在阿鲁森女士家的吸烟室里交谈，有位海军军官滔滔不绝地垄断了谈话。丘吉尔对他的见解颇有同感似的认真倾听着。毛姆却认为军官在胡说八道，危言耸听，便插了句话打断了他。毛姆的话让全场都爆笑起来，这名军官也只得闭嘴。第二天清晨，毛姆独自在抽烟室里看报纸，丘吉尔走过来对他说："我要同你定一个君子协定。如果你答应决不拿我寻开心，我也答应决不拿你取笑。"

"别开玩笑啦！"毛姆说。

"我很认真的，"丘吉尔说，"你还是答应我吧。"

毛姆虽然答应了丘吉尔，但却十分不解，一位内阁大臣对一个通俗喜剧作家有什么好害怕的！

毛姆和丘吉尔成了终生的挚友，他们相处融洽，彼此了解，两人在各自的领域里都表现得极其突出，却从不用相互竞争。

毛姆欣赏丘吉尔的真诚、坦率，丘吉尔则喜欢毛姆的睿智和文雅。虽然毛姆只比丘吉尔大几个月，但丘吉尔总是喜欢对毛姆说："我确信你是对的，你比我老这么多！"

严肃的转型

以轻型喜剧发迹之后，毛姆一直活在快乐的巅峰。一天傍晚，他沿街散步，经过一家戏院时，看见那里正在上演《朵特夫人》，他抬头看着落日对自己说："谢天谢地，现在我可以望着落日，而不必想要怎样描述它了。"毛姆觉得需要暂时放下工作休息一下了，不过，这样的倦怠并未持续多久。他不愿看到自己在伦敦戏剧界的地位被其他人取代，便又埋首于写作。

只要毛姆愿意，一年之中他可以写出六个剧本来。他写剧本从来都没有超过四个星期，《杰克·斯特洛》才花了他两星期。如今他觉得轻松多了，但却因为自己的急躁而遭人指责粗制滥造。他的脑袋里总同时构筑五六个剧本的情节，想好一个主题之后，便很自然地分出各景各幕。一剧才完，已经又开始编写下一出。

虽然有多部作品可以收取版税，但毛姆对金钱的关心却丝毫不减，他常会过问票房的收益如何，并且担心坏天气会使观众减少。虽说如此，在纽约一家杂志提出想请他把《弗雷德里克夫人》改写成小说时，面对金钱的诱惑，毛姆却以"会影响声誉"为由拒绝了，这是他一生中首次感受到用本钱去拒绝的快感。

1909 年时，福罗曼曾在约克郡戏院举办了一次"名剧精选季"，邀请了亨利·詹姆士、萧伯纳等人提供剧本，而毛姆却没有受到邀请。毛姆认为福罗曼是把自己看成了只会写喜剧的二流剧作家，心中颇为愤怒，并由此产生了向严肃主题转型的念头，但这次转型是一个严重的错误。

1910 年，他只推出了两部剧本——《第十个人》与《格蕾丝》，都没有成功。其中《第十个人》只演出了 60 多场。

《第十个人》讲了一个寡廉鲜耻的企业家，利用诈欺与勒索的手段达到自己的目的。他因为不想让离婚毁了自己的前途，便迫使不快乐的妻子留在自己身边。他发行一文不值的债券，通过贿赂和欺诈得到权势。他宣扬："十个人里有九个是恶棍或是笨蛋，这就是我赚钱的道理。"他老婆提醒他要小心那第十个人。在最后一幕里，第十个人果然出现了，揭发了企业家的阴谋，最后，企业家只好选择跳楼自杀。

在《格蕾丝》中，毛姆再次把上层社会与下层社会作了番比较，但反响平平，只演了 70 多场。

1910 年 5 月，爱德华七世病逝，爱德华八世继位。有人认为这一年是理性主义演变为存在主义的转折点。毛姆丝毫未受这种改革精神的影响，他的戏剧仍然围绕着婚姻打转。他的戏剧可分成三个时期：早期的戏剧如《弗雷德里克夫人》

和《朵特夫人》，写的是婚姻的缔结；如《格蕾丝》和《第十个人》一类中期的剧本写的是婚姻的保全；末期在战后出版的，如《周而复始》与《装聋作哑》等则是婚约的结束。

11月，毛姆在波士顿待了一个星期，相比之下，他比较喜欢纽约，因为波士顿的人似乎瞧不起作家，觉得像作家这样品味低劣的人，早该在100年前就灭绝了才对。在美国，毛姆接受了两家报纸的采访。

12月，毛姆赶回了伦敦，参加大选和《寻欢作乐》的排演。这是他第三个失败的剧本，演出了不到50场。批评家们认为他品味不高，并指出毛姆曾用这个题材写过小说。毛姆则以为，失败的真正原因是英国大众不愿见到教士被人嘲弄，他说他曾因此每天收到50封匿名的问罪信，并抱怨回复这些信真不是人干的事。他住进了梅菲尔区中心的切斯特菲尔德街，这说明他已经进入了少数的特权阶层的圈子。在当时，他的住处会让人联想到私人马车、仆妇、茶会、名门宴请等上层人士的诸多生活场景。与受人尊敬相比，金钱只能说明你小有成就，但如果你能够受到社会各界人士的尊敬，则说明你真的成名了。

一次，一个艺术经纪兼评论家告诉毛姆有家店在出售戏剧肖像画，"你是个戏剧家，应该买下来。"毛姆去了那家店买下了两幅画。后来，他收藏的戏剧画作成了戏剧俱乐部中最好的。但由于他节俭成性，收藏的肖像画清一色都是男演员的，因为漂亮女演员的画通常都比较贵。

　　尽管最近的戏剧都失败了，戏院经理们依旧争着找毛姆编写剧本。然而这个常给观众带来欢笑的成功剧作家，在内心深处却一直只是个失去了母亲的孩子，是个在学校饱受戏谑的小结巴，是个亲见患者痛楚的医科学生。不论毛姆身在何处，过去的记忆总是挥之不去，他觉得唯有将它们写出来，自己才能获得平静。因此，他拒绝了所有新剧的合约，自舞台上退隐了两年，将曾遭费希尔·昂温拒斥的稿件又拿出来重新修改，这便是后来的《人生的枷锁》。

爱情与成就

情感之路

　　一天晚上，毛姆在书房里看书，卡斯德尔斯太太打电话来，说她约了两位朋友来吃晚饭和看戏，可是其中一位爽约了，问他是否愿意帮她去陪陪客人。毛姆正闲来无事，而且他也很想去看戏，于是便答应了。毛姆换上衣服，来到了卡斯德尔斯太太家，在那里，他看见了西莉·威尔康太太。

　　西莉身材娇小，姿色动人，有一双褐色的眼睛以及一张能言善道的嘴，她的家庭是来自威尼斯的一支家族，父亲是位知名医生和大慈善家。西莉在 22 岁的时候嫁给了比自己年长二十多岁的威斯康星州一家成功的制药厂的创建人——亨利·威尔康，生了一个智力不太健全的孩子。几年过后，二人婚姻破裂，并一直处于分居状态。

　　虽然两人曾在一次午宴上见过，但那次碰面都没给对方留下太多的印象，而这个晚上，毛姆觉得 32 岁的西莉楚楚动人。晚饭时，卡斯德尔斯夫妇去接电话，西莉眨着晶亮的眼睛，声音低沉地对毛姆说："真希望我们不必去看这出戏，我宁愿整晚听你讲话。"看完戏之后，在送西莉回家的路上，她对毛姆说："我们很快还会见面的。"当两人再次见面的时候，就开始直呼对方的名字了。

在西莉之前，毛姆也曾为其他女士倾倒。1906年，《主教的围巾》一书出版。这部小说是根据毛姆的一部未曾上演的戏剧《面包和鱼》改编而成。毛姆后来坦言，他写这本书的目的是要赚够钱好款待一个嗜好奢华的贵妇。然而，书完成以后，他以为永远能维持不灭的炽热情感却消失了。他不再想把钱花在女人身上。

然而在当年的4月里，毛姆却遇见了毕生最爱的女人。在一次夏日午宴中，毛姆遇见了埃奎琳·希尔维亚·琼斯。当时琼斯穿了一件衬衫，戴着一顶草帽，她身材婀娜，有着淡淡的金发和碧蓝的眼睛，她迷人的微笑瞬间俘获了毛姆的心。那天以后，他就经常同她见面。他在《一个作家的札记》中，这样描述她：

> 一位成熟而魅力十足的女人，有着玫瑰一样的脸颊和金色的头发，眼睛碧蓝如夏日的海潮，身材丰满匀称，就像画家笔下不朽的美人海伦。

后来毛姆写《寻欢作乐》，就以她为原型而写下了无忧无虑、到处留情的萝西。琼斯是一名演员，14岁时便在父亲的一出戏剧里登台，并曾演出莎士比亚剧。她曾嫁给一位戏剧制作人，后来以离婚收场。遇见毛姆后，二人相恋了。

毛姆不只是做她的情人，他还帮忙找些角色给她演。琼斯曾在毛姆的一出喜剧中饰演一位侍女。但是美丽迷人的琼斯却用情不专，这令毛姆十分苦恼。在其中一个版本的《寻欢作乐》中，毛姆曾在序言中写下这样的文字：

　　　　我年轻时，曾与本书中我称为萝西的青年女子过从甚密。她犯了严重而疯狂的错误，然而她美丽而诚实。这段关系不了了之了，但是有关她的记忆，却年复一年在我心中萦回不去。我知道有一天，我终究会把她写进小说里。

　　此时毛姆与琼斯依然交往甚密，不久前还帮她在一部电影里找了个角色。如今毛姆年近四十，而且拥有了金钱和名望，是时候该安定下来了。毛姆觉得琼斯热情爽朗的个性，正好平衡自己的多愁善感。

　　1913年9月，琼斯要动身去美国拍电影，毛姆也正要到美国去参加他的一部作品《可指望的土地》的排演。他决定到了纽约之后就向琼斯求婚，为此，他还去选购了一枚订婚戒指。琼斯抵达的当天，毛姆早早来到码头接她，却看见她和一位俊美的青年谈得正欢。琼斯告诉毛姆，她要直接去芝加哥，不能在纽约陪他，让他留在纽约好好排演。等到毛姆终于能趁着空当赶到芝加哥时，已经过去三四个星期了。琼斯也似乎很高兴看见他。

"琼斯，我到芝加哥来是要请你嫁给我。你愿意吗？"毛姆自信地等待着他预想中的答案。

"不，我不会嫁给你。"琼斯说。

"为什么？"毛姆惊讶地问道。

"我就是不要，"琼斯说，"人家都说我很有潜力，将来一定会大红大紫。"

毛姆单膝跪在地上，把订婚戒指递过去。"真漂亮！"琼斯说着，又递了回来。

毛姆请求琼斯收下，但她没有，于是毛姆站起来，吻了她，把戒指放进口袋，离开了。

求婚不成，毛姆回到纽约，埋首于《可指望的土地》的排练工作。这出戏要在圣诞节那天在纽约公演。1914年1月，毛姆返回伦敦排演《可指望的土地》。有一天，毛姆在看歌剧时遇见了西莉。西莉邀请他来参加自己举办的宴会，毛姆也给了她两张《可指望的土地》的首演票。

首演那天，西莉迟到了，当她到达戏院时，大幕已经拉开，毛姆很不高兴，决定不去参加她的宴会。可是他又不愿在跟她闹僵之后的首演之夜孤零零一个人回家，结果还是去了。在西莉的宴会上，人人都向他贺喜，西莉还与他共赴舞池，大伙已经把他们看成一对情侣了。接下来的日子，他们顺其自然地相恋了。

战争与婚姻

1914 年，第一次世界大战爆发时，毛姆正和朋友们在卡普里岛度假。战争并没有搅扰他的兴致，他们一起游泳、打球，过得悠闲自在。当他们回到英国后，四处弥漫的硝烟激起了毛姆的爱国热情。但因为毛姆年纪太大，不够入伍的资格。但毛姆觉得英国需要他，便写信给已经是海军部首要大臣的丘吉尔，请求丘吉尔对他有所派用。没过多久，在等候回复的时候，毛姆听说红十字会正要派遣救护队前往法国，于是，便申请以翻译的身份加入。他没有以医生的身份申请，是因为自打从医学院毕业以后他就从未行过医。

10 月，毛姆穿上军服，与救护队渡过了英吉利海峡，他所在的救护队被派往法国去救治伤病的官兵。这期间毛姆发现救护车驾驶员比翻译更为紧缺，于是便请假回英国学习了两周驾驶。再次返回法国后，他被编入法国部队，开往前线附近。在写给朋友的信中，毛姆透露："当地的气候苦寒，雾雨迷蒙，不是跑断了腿，就是枯乏得无所事事。"

毛姆的工作是极具危险性的，救护车在晚上出行，驾驶员必须避开满地的弹坑。德军的照明弹与枪炮的火光照亮了夜空。当伤患被抬上担架送进救护车后，驾驶员必须把这些伤员当成易碎品看待。毛姆总是小心翼翼地驾驶着救护车，尽量在让他们不发出痛苦呻吟的情况下被送进医院。

有一次，毛姆的救护队转移到敦刻尔克附近的圣马洛，毛姆收到了《人生的枷锁》校样，他的室友——文学批评家麦卡锡注意到毛姆的校样中改动的地方很少。毛姆告诉他说，在稿件送去印刷之前，他就已经仔细核校过了。麦卡锡感慨道："他处理小说就像剧本一样精益求精，这种对完美的渴求，一定会令销路大增！"当麦卡锡仔细读过书稿之后，他的看法又变了，他称《人生的枷锁》是"当大批的近代写实小说沉入河底时，仍与《老妇的故事》《战地春梦》《巴比特》等极少数作品一样，能够随时间的流逝而一直漂行于水面"。此后，毛姆一直受到麦卡锡的评论支持，麦卡锡还将毛姆称为"英国的莫泊桑"。

毛姆随着战事到处迁徙，一路上见证了战争的惨烈和沉重。路上遇见抬着棺木的送葬队伍，路人便纷纷脱下帽子低头默哀，军人则举手敬礼。在前线，毛姆遇见了他终生的挚友——杰拉尔德·赫克斯顿。

《人生的枷锁》书影

二人相遇时赫克斯顿 22 岁，中等身材，留着八字胡，褐色的头发整齐地梳向脑后，面部有几处痘痕，这位很在意自己外貌的小伙子时常会擦些化妆品来掩饰它们。毛姆也时常对赫克斯顿说："快去，把脸上的痘印擦掉吧！"在毛姆看来，赫克斯顿是位长相俊美的青年。但是其他人可不这么认为，见过赫克斯顿的人曾经评价他说："他的五官中没有一部分称得上好的……他吊儿郎当，流里流气，看起来就诡计多端。"

赫克斯顿常让毛姆在他身上花许多钱，做冤大头。他酗酒、蛮横、粗鲁、不诚实又不可靠。说来奇怪，这个寡廉鲜耻的人竟然如此吸引毛姆。也许是赫克斯顿正好弥补了毛姆的孤傲吧。

就在此时，西莉那边传来了消息，说她怀孕了。毛姆劝告西莉，这将是一场漫长的战争，此刻不是养孩子的时候，可她就是不听。无奈之下，毛姆再次请假回到伦敦，忙着处理西莉的事情。

毛姆决定带西莉去罗马，她可以在那里把孩子生下来。他们在当地找了栋房子，毛姆写作、打高尔夫，日子过得安详静谧。在没什么社交活动的那段日子里，两人大部分时间都是朝夕相对。西莉对毛姆讲述自己曾经的生活，包括她的情史，毛姆便以此为素材来充实自己的剧本。此时西莉与亨利·威尔康尚未正式解除婚姻关系。这真是尴尬！

1915 年 9 月，西莉终于产下一女，取名丽莎，这是毛姆第一部小说中女主人公的名字。丽莎很可爱，但毛姆却因为她不是男孩儿而感到失望。西莉生下孩子后，医生告诉她，说她再也不能生孩子了，她伤心地哭了。三星期后他们又回到伦敦。之后，毛姆的朋友给他寄来喜得爱子的请帖时，毛姆写信给他说："我恭贺你很容易，但像你一样再得个男孩儿却不容易……我除了一个女儿之外，再没有别的本事了。"

毛姆没有再回救护队。机缘巧合，毛姆进入了陆军情报部，由于他通晓数种语言和欧洲各地的情形，便被派往日内瓦去接替一个受了惊吓的情报员。而此时西莉的丈夫亨利·威尔康却突然向西莉提出离婚。在这场离婚官司里，毛姆成了与有夫之妇发生婚外情的被告。因为与丈夫闹翻，西莉失去了生活来源，过惯奢侈生活的她没过多久便债台高筑。

离婚案成了毛姆的丑闻，此时他则需要前往日内瓦述职。1917年5月，毛姆在新泽西州与西莉结婚了。西莉的愿望终于达成了，而毛姆却在《回顾》里，将西莉塑造成一个诡计多端、需求无度的悍妇。

毛姆与西莉

对毛姆来说，娶了西莉便是给自己又套上一层枷锁。

婚后不久，毛姆再度接受训练，进入情报局工作。在纽约的英国情报头目是威廉·怀斯曼，他与毛姆家是世交。英政府担心苏俄会出现局部和平的局面，毛姆的任务是协助克伦斯基阻止俄国的战势。毛姆在战争中所过的生活真是耐人寻味，有时他轰轰烈烈地参与战事，有时却又抽身去办自己的私事。一些激进的爱国分子指责他是惺惺作态的懦夫，但依照当时的规定，毛姆年龄已经太大，不宜参战，因此责怪他不服从命令是不公平的。

毛姆在瑞士工作时曾感染肺病，在前往俄国以前，他还出现了大量出血的现象。本来他很可以光明正大地逃避这次任务，他告诉怀斯曼恐怕自己不能胜任这次任务，怀斯曼向他保证他可以做得比任何人都好，于是，毛姆起程了。

只可惜，金钱和毛姆的辩才都阻挡不住俄国的战势。

尽管意义不大，但毛姆还是十分严肃地进行着他的情报工作。他相信自己若是早到六个月，应该很可以阻止布尔什维克党的胜利的，而相反的结果终于无可避免。他对克伦斯基性格的分析清澄明澈，令人赞赏，而他的电报对苏俄战势的估测也坦白直率。在布尔什维克夺得政权前数星期，毛姆离开圣彼得堡，身上携有克伦斯基致英国首相路易·乔治的私函，信中希望获得英国的援助与谅解。毛姆担心自己的口吃不能确切地传达克伦斯基身为领袖的气势和口吻，便把要说的话写了下来。他由挪威转道回国。

见到路易·乔治后，首相对毛姆的戏剧非常推崇和赞赏，可是毛姆要求为克伦斯基提供援助后，路易·乔治说："我办不到！"

毛姆返回了旅店，他又病又急。毛姆的病经诊断是肺结核。英国最高法院院长想派他到罗马尼亚去进行另一项秘密任务，毛姆并不介意自己的健康问题，愿意再为英国效力，可是院长得知他的身体状况后，便要他安心养病，把任务交给了其他人。于是毛姆进入一家疗养院，在那里休息了三个月。

在疗养院休养的这段日子里，西莉从没有来看过他。枯燥无味的日子并未使他沮丧，他不断地阅读并写作新剧，同时，他也和往常一样地写笔记。他的病恢复得很快，数月之后他便回家了。这时他们住在英格兰东南部的萨里郡，这里有着令人愉快的社交生活，这段时间里，毛姆笔耕不辍，每天清晨起便埋首于编写《恺撒之妻》和《月亮和六便士》。有一天，他和朋友骑马外出，被狠狠地摔了下来，当时在旁的人记录道：

我们安闲地骑在马上散着步，大家沉浸在有趣的话题里，毛姆的那匹黄棕色带白点的马突然跌跪在地上，把它的骑士摔了出去。毛姆的前额撞击到路面，摔得头破血流。大伙都被这突如其来的危险吓傻了，等着几乎昏过去的毛姆恢复过来后，又重新上马。他表现得很坚忍，没有一声抱怨。他就是那种越是感受痛苦，越要咬紧牙关挺过去的人。

而在新居所的布置上，西莉则屡屡展现出自己在装潢和审美上的天赋，她曾引领潮流地率先把房间布置成白色，这在那些不必亲自动手清理房间的人们的眼中，还真是时髦、漂亮。

生不逢时的作品

战争并没有影响文艺界的活动，相反，这期间的出版界更加活跃了。1915 年，《人生的枷锁》在美国、英国、加拿大相继出版。在加拿大，这部书不算畅销，而且因为篇幅过长，印制费用十分惊人，后来经由一位年轻的审稿人大力推荐，才得以出版。

《人生的枷锁》第一版在大西洋两岸共印 5000 册，打破了毛姆以往出书的纪录。毛姆写这本书原本是想解除过去悲伤记忆对自己的束缚，但在三十年之后，有人请他为盲人朗读并录制这部书的第一章时，他却因为悲痛过度而不得不中断。看来这部书的出版并没有令毛姆释怀。

毛姆所采取的是德国 19 世纪时教育小说的方式，故事的主人公从童年开始，经过了各种遭遇与经历，在重重挫折之后，终于改头换面，成为上层人士。这是毛姆第一次也是最后一次卸下面具。爱德华式的绅士不见了，机智的戏谑不见了，为博取名媛浅笑的俏皮话也不见了，这里有的只是残酷和痛苦的现实生活。在现实中,有的只是没有快乐的成功、伪善的宴会邀请、毫不关心的喝彩，还有各种枷锁——身体缺陷的枷锁、生长环境的枷锁、女人情爱的枷锁。小说的主旨便是他要挣脱枷锁，解放自己。

《人生的枷锁》的问世真是选错了时间。由于战争的关系，英国已经很凄惨了，前线的那些战士们此时并不需要这类沉重的作品，此刻他们要的是轻松的读物。批评家们似乎也觉得，在大家需要毛姆的时候，他却让人们失望了！他本应继续发挥令人发笑的特长，而不是用悲戚冗长的故事来叫人难过。还有一些杂志和报纸批评书中男女主人公的个性令人不敢恭维，或责备作者过分强调"现实中灰暗而卑鄙的一面"。

而美国出版界对它的评价也并不高，称它是"一个可怜的傻子感情用事地自我奴役"，甚至有人批评它"不健康……口味病态"等。

幸好有位有影响力的美国小说家兼批评家西奥多·德莱塞拯救了《人生的枷锁》。德莱塞称《人生的枷锁》为"天才之作"，说毛姆是位"杰出的艺术家"。他说："这是一部完美的作品，我们喜爱它，但一时又无法理解，然而我们不得不承认它是艺术品。"自出版以来，《人生的枷锁》就不曾停版过，并且至今仍为广大读者所喜爱。这本书之所以吸引人，在于主角敢于承认自己的弱点，这个弱点是大部分人都有的。毛姆也认同这是他最好的一本书，同时很高兴它在许多教育机构中被列为指定读物之一。毛姆小说家的名声又重新确立了。

《雨》电影剧照

有人问毛姆："为什么你不写另一本《人生的枷锁》呢？"

"因为我只活过一生。"毛姆回答。

1916年，毛姆开始了他的南太平洋之旅，这是他头一次到西半球之外的地方去旅行，这次旅行又增长了毛姆的见闻。他游历了火奴鲁鲁、斐济岛和塔西堤等。在一处总是阴雨连绵的岛上，他根据一位汤普森小姐构思了《雨》这个故事。

为了写有关高更的书，毛姆在大溪地搜集资料，无意中在野地里发现了一处茅屋，高更曾在此住过，病后曾在此作画。

毛姆从租用的车子上下来，沿着窄路走到屋前。五六个孩子正在门廊上玩耍。有个想必是他们父亲的人从屋里走了出来，毛姆把来意告诉了他，他便请毛姆进去。

屋里有三扇门，每扇门的下部都是木板，上部的玻璃则以细长的木片固定在一起。这儿的主人告诉毛姆，高更曾在玻璃板上画了三幅画，但是有两扇门上的画已经被淘气的孩童毁掉了，这剩下的画是裸体的夏娃，手中拿着苹果。毛姆问男主人是否愿意割爱。

"那我就得再买一个新门了。"男主人说。

"你出个价吧，200法郎怎么样？"毛姆说。最后毛姆以200法郎的价格买下了那扇留有画作的门。怕那家主人反悔，毛姆和朋友当即将门卸了下来，装到车上拉走了。这幅画画得很轻，只是草图而已，但是很令人喜爱，后来毛姆把它装饰在伦敦的写字间里。

毛姆常在极不舒适的情况之下旅行，他对乡野村夫的言语的热心程度不亚于他对大人物的注意。名流们谨守着自己的隐秘，小心着自己的言语，而南太平洋的居民却无所顾虑地畅所欲言，他们甚至不知道还有"害羞"这回事。

1919年年底，毛姆再度前往南太平洋，途经芝加哥，在当地与杰拉尔德·赫克斯顿会合。在芝加哥时，他去参观了屠宰场。在一本新读的小说中，毛姆首次感受到，在火车车厢中的中西部人是可以了解、可以接近的。杰拉尔德·赫克斯顿已经成了毛姆的秘书，对毛姆而言他真是个不可替代的伙伴。赫克斯顿享用着毛姆的金钱，帮毛姆打稿子，对于打听丑闻特别有一套。他不只机灵，同时还有一套自己行事的方法。他们一起前往中国、马来诸邦与中南半岛。英属殖民地的人们对他们非常欢迎，当地的人们在单调的殖民种植生活中也能找到很多乐子来兴高采烈和狂欢作乐。毛姆后来在书中对许多当地的人物进行一些负面的描述，人们因此痛斥他对于殖民地的热情接待不知感恩。

严肃小说家

1919年4月，《月亮和六便士》出版，毛姆对女性的看法在这部小说中暴露无遗。他认为女性使男人衰弱，在作品中发泄着对女人的怨恨，称她们是"没有理解能力的""寄生的"。毛姆的观点遭到了一位英国女作家的抨击，过了很多年后，毛姆终于找到机会回敬了这位女作家：

> 她被人捧上天了，她本不是什么天才，只是文友力捧，加上当时英国短篇小说缺货的局面，于是，她便粉墨登场了……若是她想写些有分量的东西，则总是写到一半就搁浅了，因为没有足够的力量支持她的文思。

无论如何，《月亮和六便士》还是备受欢迎的，它的出版更确定了毛姆严肃的小说家的地位。

1920年，毛姆在世界各地走动，其中包括中国。年底时毛姆回到伦敦，因为有两个他最喜爱的演员的戏要演出。

后来，毛姆出了本《在中国屏风上》，这是他在中国游历了四个月后写出的一本旅游书籍。

1921年，《周而复始》一剧推出，同时出版了故事集《一片树叶的颤动》。同年，毛姆再度回到南太平洋。他和赫克斯顿去游览婆罗洲时，与一干罪犯

严肃小说家毛姆

乘船逆流而上，这时一阵大浪将船掀翻了，毛姆与众人落入水中，眼看快要被淹死了，赫克斯顿不断地在旁边鼓舞着他不要放弃划动，最后他们和几名水手爬上了一块漂在河中的床垫，奋力地划到岸边，捡回了一条命。上岸之后，赫克斯顿心脏病发作了，只好静静地躺着。不过他们很庆幸，不一会儿，有人划了独木舟来解救了他们。然后他们在戴亚克土著人的长形屋里过了一夜。这件事提供了他写一部讽刺小说的灵感，故事说的是一个人在船翻了之后，背弃自己的伙伴，不顾他的呼救，只顾自己逃命去了。后来他惊骇地发现那位朋友并没有死，最后愧疚情结导致了这个懦夫的癫狂。而事实上，那位朋友对于自己曾被遗弃一事毫不知情。

在遭遇危险的时候，背弃伙伴的念头或曾在毛姆脑海中闪现过，于是他把这个事实转化为讽刺性的故事，这正是他

具有警觉性、不空想的最佳例证。

这位严肃小说家在这一时期还写了唯一的一篇儿童故事《九月公主与夜莺》。故事情节轻快但寓意深刻，足能与其他作品相较。

戏院一直给毛姆带来大笔的收入，同时也为他提供了一个公开的讲台，只是在这个讲台上他必须讲述众人所爱听的事。他是个十分具有商业价值的剧作家，为好多戏院经理赚进了大笔的钱财，却并不是每部作品都找得到人来支持。后来，他便是根据平庸腐朽的中产家庭生活而写成了《刀锋》。不过在第一次世界大战后，他的这些严肃题材的作品并不是很好卖的商品。

1923年，毛姆曾前往锡兰（现在的斯里兰卡）和缅甸游览。当时在那里的大多数的英国人满身大英帝国的骄纵傲慢，他们誓死不与当地的土著接触，心胸狭窄，对于周遭的世界抱着没来由的轻蔑，毛姆觉得这种行为十分无知和肤浅。在毛姆看来，当地土著有趣而又开放，而东方最大的负担反而是白人。

1923年至1929年的这段时间里，毛姆十分苦闷。1924年，毛姆在一次午宴中遇见了劳伦斯夫妇，毛姆与劳伦斯彼此看不顺眼，毛姆觉得劳伦斯对他满怀敌意。但劳伦斯的夫人倒不像她丈夫那样，她曾根据此次相遇评价毛姆：

我为毛姆感到难过，他看起来闷闷不乐又酸气冲天，依我看来，他的生活似乎毫无乐趣……他既不能接受狭窄的社交世界，又不相信更宽广的人性世界……

劳伦斯也在写给一位朋友的信中说：

他（毛姆）厌恶这里（墨西哥），就算他去犹加敦（墨西哥的一处美丽的岛屿），他也会厌恶那里的。我不喜欢他。

劳伦斯同样也不喜欢毛姆的作品，他曾就毛姆作品中的内容痛加批评。

1925年，毛姆新出了一本《彩巾》，这部小说情节的铺排重于角色的刻画，在毛姆的小说中，这是唯一手法不同的一本，也是唯一一部他写了几年才完成的小说。《彩巾》写的是殖民地的生活，故事背景原在中国香港,由于"香港政府"的助理秘书提出抗议，因此书中所有的"香港"全部更换为虚构的"清源"。接着，在这本书付印期间，与书中主要人物同名的一对夫妇向毛姆提出控诉，说要控告毛姆使用他们的姓名，并影射他们的私生活。这时有好些批评家已经拿到了还没来得及上市的书，一些聪明的书评家还竟然奇货可居地不肯把书交还书店。最后，毛姆只好给了这对夫妇250英镑，并将"莱恩"改成了"费恩"，才算是摆平了这件事。

因为《彩巾》在付印之后又作了很多修改，间接导致了这部书在英国重印了5次，累计印了2万多册，这下毛姆可高兴了。

这部小说的情节简单而富戏剧性，对于已因《月亮和六便士》而建立起严肃小说家名声的毛姆而言，这部作品太过戏剧化。虽然《彩巾》颇受大众喜爱，却谈不上创意和深度，批评家的反应毁多于誉，说它陈腐、做作、缺乏真诚。

毛姆对美国出版商推销《彩巾》的方式很不满意，责怪他们"像包茶叶似的"随便就把它推出，他在抱怨的信上强调，他关心的是书的"独树一帜，而非金钱"。虽然大西洋两岸的出版商人常使他顿足不已，他却不轻易更换他们。

1926年11月，毛姆的剧本《装聋作哑》在美国的克利夫兰首演，这是一出有趣然而又稍嫌晦涩的喜剧，首演糟糕得一塌糊涂，女主演竟然忘了台词，于是她"灵机一动"地搬了些别的剧本里的台词来凑数。这还不算，在第一幕里，她将第一幕与第三幕里的好些剧情演混了。事后，毛姆怒气冲冲地冲到化妆室去责备她。而这名女演员却说："噢！亲爱的，我把你美丽的剧本给毁了，不过，它会演上一年的。"结果，这出戏演了两年。

虽然人们批评他憎恶女性，的确，他笔下的女人大多是虚荣而贪婪的，但是毛姆也塑造了一些贞洁、坚定、理智的女性。1973年，《装聋作哑》再度被搬上伦敦舞台时，女主角康斯坦斯由英格丽·褒曼饰演，这个康斯坦斯以令人赞赏的机智和冷静来对付误入歧途的丈夫，她设计了一场漂亮的报复，而其中却不夹带半点怨恨及恶意。与其说这是对女性的一种评议，倒不如说是对理想女性的看法。也许这也是毛姆对理想妻子的看法。

艺术家的城堡

1926 年，毛姆由西贡乘船去法国的马赛，路上疟疾复发，躺在床上无法动弹。疾病令他思乡情重，想马上回到自己的家静静休养。此时，他却收到西莉寄来的信，说她利用毛姆出行的这段时间，将房子出租了，房客要两星期后才能搬走。这已经是第二次毛姆旅途劳顿想要回家时，西莉让他无家可归。毛姆觉得受够了，他要拥有一幢仅属于他自己的房子。后来，他购买了位于里维埃拉的一栋城堡式别墅。

此时，西莉也想在伦敦西南部的一个文化区买一幢房子，她要毛姆把他们正居住的房子卖掉，再用这笔钱给她买文化区的房子。毛姆答应了，条件是保留毛姆自己卧室里的家具、书籍、舞台画以及他旅途上所搜集的各式艺术品。他打算日后将这些家当运往里维埃拉的别墅。

在文化区的新居里，毛姆的书房被安排在顶楼，那里同时还是男士们的衣帽间，在举办宴会的时候，毛姆不得不把写作的东西全部收起。西莉建议他自己另租个小房间来工作，他不肯，于是咬牙忍受着种种不便，只等着里维埃拉的别墅整建完成。

　　毛姆自与西莉结婚以来，两人的关系越来越紧张。她曾在诺曼底附近一处时髦的海滨胜地买了些土地，并且在那里建起了房子。1927年4月《装聋作哑》在伦敦首演，为了缓和与丈夫的关系，西莉举办了一场首演之宴，并邀请了毛姆的几位朋友来新居做客。宴会举办得比首演的戏剧还要成功，只是毛姆夫妻俩有点闷闷不乐。毛姆承认西莉是个令人赞赏的女主人，她亲切、活跃、美丽，但是他却觉得自己已经领教够了，现在打算要做最后的决裂。

　　一个星期天的早上，毛姆在自己的卧室看到一张洗衣店的账单，原来西莉把客人的衣服都送进城里去洗，然后每人送上一张账单，毛姆觉得这是对自己的侮辱。早饭时，宾客们围坐在客厅里阅读着当天的报纸，突然听见毛姆和西莉的卧室里传来吵架的声音。他们听到毛姆说：“拜托不要吼！不要让大家看笑话啦！”

　　不一会儿，西莉打扮了一番，来到客厅，注意到有张扶手椅移动了位置。

　　“谁动了这张椅子？”她挑衅似的问。

　　“是我。”赫克斯顿说。

　　“那么请你把它搬回原位。”西莉面带笑容，但语气毫不客气。

　　赫克斯顿起身准备去挪那把椅子。

　　“坐下，杰拉尔德，”毛姆说，“它挪了位置之后，这房间才看起来舒服一点。"

"舒服？"西莉说，"现在房间看起来又土又俗气！杰拉尔德，劳驾您把椅子搬回去！"

"我倒觉得是你把这个地方搞得粗鄙土气，你要客人们自己付洗衣费，难道你把这里当成寄宿公寓吗？我想不久我们便会收到每周食宿的账单了。"毛姆气得声音发抖。

毛姆话刚说完，西莉就转身冲出了房间。

这两个极不合适的人，为了彼此的便利而结婚，长年累月的相处并没有使两人更加亲近，反而是更加疏离了，以致最后的决裂。一直以来这段名存实亡的婚姻只维持着薄薄的一层表象，而即使是这样，毛姆都觉得难以持续。他需要婚姻带给他尊敬，就算是离婚，也该由西莉先提出，这样他才可以说，他一直在设法维系这段婚姻。

毛姆居住过的房间

与西莉的关系破裂以后，毛姆一直住在里维埃拉的别墅里，他为别墅起名为莫雷克斯。20世纪20年代后期，里维埃拉几乎成为成功的英、美作家们躲避尘嚣的理想圣地，他们在这里都有着各自的城堡，而莫雷克斯便是毛姆的城堡。毛姆在这座城堡里度过了后半生，只有第二次世界大战期间离开过。毛姆殷勤地对待住在这里的客人，不过客人们也必须谨守城堡的规矩。

新居落成后，毛姆便邀请西莉来做客。他带西莉四下参观，并请她吃午餐，最后毛姆开车送她回住处。这一行令西莉颇为感激，于是她决定解除对毛姆的束缚，提出离婚。毛姆问她是否愿意在不引起舆论喧哗的前提下离婚，她同意了。1928年秋，西莉向法院诉请离婚，理由是彼此不和，获批准。

从此以后，毛姆只见过西莉几次。离婚之后，毛姆对西莉的憎恶有增无减，或许他不愿离婚，只要分居即可，但西莉非离不可。西莉不准丽莎去莫雷克斯与父亲相聚，理由是毛姆的坏朋友会影响到孩子，此外，西莉到处宣扬他是同性恋者，但在一些宴会上，西莉会说自己仍然爱着毛姆。

莫雷克斯在海岸边上的别墅不算是最漂亮的一座，但却位于最优美的风景所在。在这里人们可以随意地活动，玩网球、游泳、打桥牌，悉听尊便。据说毛姆拥有一流的私人厨师，住在里面的人可以随意传唤任何点心和饮料，甚至满满一桌子美味佳肴。毛姆对客人的照顾周到而细心，每位宾客有男、女仆佣各一位，他还为客人精选了很多可供阅读的书，开辟了美丽的园艺供客人欣赏。在这里，毛姆不单是个慷慨的主人，还是个体贴的雇主，他订下一条规则，他的仆人可以和客人们享用相同的餐饮。毛姆仔细训练他们，把他们训练得个个聪慧敏锐，然后与他们斗智斗勇。仆人们都愿意留在这里。一位管膳食的仆人时常宣称"这次真的不干了"，而这句口号在莫雷克斯里回响了 25 年。贵胄名流们更是将这里当成度假天堂，出入这里的人包括温莎公爵夫妇、丘吉尔等。

虽然这里的客人们终日闲逸悠游，但是他们的主人却一直笔耕不辍。每日清晨，毛姆都在自己朴素无华的书房里写作，这间房堆满了书籍，一扇能望向海边景色的窗子被遮了起来，因为毛姆只想在这里务实地工作，而不想把时间浪费在做白日梦上。

这一时期，美国的文学界涌现出一批作家，他们改变了传统，创造了新的写作态度和风格，掀起了文学界的新浪潮，可是这股浪潮却对毛姆没有多大影响。他欣赏海明威和辛克莱，常被美国朋友们机敏的话语逗得哈哈大笑。然而，除了从辛克莱那里得知美洲中部的情形，在纽约的舞台上享受成功，喜爱美国的鸡尾酒和美国的杰拉尔德·赫克斯顿之外，他仍是个道道地地的欧洲作家。

毛姆常遭人批评写作有法国味儿，可他却认为自己写作简明，事实上，他也很喜欢用些古怪的小字眼和句子，叫人看着觉得眼生，有时它们还是错误的，直到最后读者才发现那些竟是一种法国式的用法或是句法文！毛姆一直受着法国小说家巴尔扎克和莫泊桑的影响，他认为这两人一直是最清新、最具创意的作家。

战后，毛姆的剧本中反映的是一个改变了的社会，可是却未反映出在戏剧观念上有任何的改变。毛姆不喜欢传统，却以传统的方式来表达他的不喜欢。毛姆在 50 岁时就离开了英国，虽然他精力旺盛地各处游历，但各种奇特、美丽的事物和情境却不能取代社会环境。他疏远社会，疏远现实，最终，他的世界缩小了，任他走遍各地也不能弥补。当他本人不在英国，便意味着他与那里的新事物失去了接触，不管他如何地勤读报纸杂志，自他离开本国的那一刻，他在本国文化方面已经是一个落伍的人，他的词汇变得过时，社会态度也变得僵化了。

1928 年，毛姆的《阿申登故事集》出版了。这部书虽然自成一格且颇具影响力，却看不出他有使用新方式来叙述故事，或对故事的含义有新的挖掘。劳伦斯对这部书做了一番冷峻、精辟的评议，最能说明毛姆不能达到最高的水准的缘由：

> 做一只活着的脏狗也比做一只死了的狮子要好，阿申登先生说，也许对阿申登先生而言是这样。但是这些作为"严肃"故事的故事，却都是虚假的。毛姆先生是个很了不起的观察者，他十分高明地把人物和地点都呈现在我们的眼前，可是等到这些被观察入微

的人物必须活动起来时，却都变成了虚套。毛姆先生只是幽默地推了他们一两下……让他们成为自己偏见的傀儡罢了。既然作者偏爱"幽默"，却为何叫人读一连串低落、陈腐的故事，这未免太让人难堪。

1930 年，毛姆出版了《寻欢作乐》，这部书的构思源于托马斯·哈代。1928 年，哈代以 88 岁的高龄去世，满足他个人与全国的意愿，遗体被分成了两部分。他的心脏葬在他首任妻子的墓旁，其余部分则埋于威斯敏斯特教堂。他的身后事可谓极尽哀荣与风光。这场盛大的安葬典礼使毛姆有了《寻欢作乐》的构思，因此他根据自己的怀念与记忆来描写：一位著名的小说家，他有个用情不专的妻子……小说家后来娶了自己的秘书，她守护着他并使他成为大人物。这本书一开始便是以活泼而口语化的语调带入。一个感性、敏锐的青年，进入了一个他所不了解的复杂而痛苦的世界，成长之后，了解到生命原是空幻虚无，而名誉与美好原本一瞬即逝。

《寻欢作乐》引起了轰动，毛姆后来辩称

写作中的毛姆

书中的角色全是依据自己的个性而塑造的。批评家们对它的反应十分热烈，他们赞赏它，称它是杰作。这部书的成功不只是因为其中有令人惊异的真实的丑闻，而且是由于其中有着田园般质朴的风味。《寻欢作乐》中的反讽是为了润饰过去而不是贬损过去。书中所透出的一种哀婉的语调耐人寻味。

这部书可以说是毛姆写作事业的巅峰之作，而他受人们喜爱的程度也有增无减。假使毛姆仍然不能被列为最重要的作家之一，部分应归咎于他一直太多产了。

暮年的荣耀

苛责与隐退

毛姆的剧本和短篇小说继续源源不断地推出。他之所以能写出各类型的作品，是因为胸怀比较博大，不像心怀怨恨的作家，不像劳伦斯那样立场极端，并且没有大多数作家成功后的洋洋自得和帝国优越感。也只有毛姆才承认生活的多面性，并且对英国人的自大、狂妄看不顺眼。

《养家活口的人》于1930年完成并上演，再次写一个人与传统式的家庭决裂，拒绝再供养他们。

另一种挣脱枷锁、追求自由的情形可在他的《第一人称短篇小说六篇》里找到。这本书描写的是一户犹太家庭，这个家庭并不具有典型性，但在描写犹太的暴发户时毛姆表现出相当程度的同情，这样的题材在当时那些重量级作家的作品中是看不到的。

1932年，毛姆出版的主要著作是《偏僻的角落》。此时他的声誉如日中天，这本书在大西洋两岸同时连载，并且再次成为畅销书。在《偏僻的角落》之后，毛姆从戏剧界隐退了。他最后两出剧本方式虽有不同，但却都忧郁深沉。11月，他的《服役的报酬》上演了，这部剧对战后世界所存的幻想和混乱提出严厉而确切的攻击，并再度暴露了英雄主义的无益，也暴露了那些一边满口忠君爱国，一边却让别人去作战的人们的自我欺骗。但毛姆的这种攻击让大众无法接受，也间接地无法喜欢这部剧。

暮年毛姆

大众也不喜欢他最后一个剧本《谢佩》里的旨训，虽然第一幕很逗趣。这部剧再度表现了这样的主题：社会对于任何不能与它共持相同卑鄙价值观念的人必定施以报复。自《一个体面的男人》以来，他曾经作过各种尝试，现在却又回到原点。

这两部告别剧坛的作品都未能轰动。毛姆决定放弃戏剧，一方面他觉得戏院经理和观众们的品鉴力低下狭隘，限制了自己的发挥；另一方面，他希望今后能写自己喜欢的东西，不用去讨好别人。

在出版了短篇集《啊，国王》以后，毛姆出了一本《堂·弗尔南多》，写的是他最喜爱的西班牙。毛姆将对西班牙深深的爱恋和对它的神秘的无限向往全部写进书里，他不触及政治，也避免作任何的评断。但从另一个角度来看，全书尽是散漫之谈，因为作者对西班牙这类题材有些力不从心。《堂·弗尔南多》并无创新之处，除了力求吸引读者外，并未体现出真正的主题。

毛姆尽管写得生动，旁征博引，却未能赢得最高学术界的认可。一位批评家对这本书讽刺道：

简言之，除了在故事中的诚实、敏锐、动人以外，毛姆先生并不够格充任文学批评家……他对艺术的完美视而不见，因此他的判定几乎全无价值。我认为他误解了大部分的作家……他列举的事实并不常是可以信任的，而他引证的权威又杂乱无章。

但不管怎么说，这本书仍不失为一部可读且资料丰富的书，至少就它的美味可口而言，应该也算得上是杰作了。大获成功从来不是毫无理由的。

毛姆的作品给人一种没有时限的感觉。如今他已属于文学，不属于生活。他曾说他很享受写作，却从不曾觉得享受过生活。

自《堂·弗尔南多》以后，毛姆总是一副已经退隐了的神态。在朋友的提议下，他又去了西印度群岛和圭亚那等地游历。在好奇心的引导下，毛姆还去了位于圭亚那的恶魔岛，这个殖民地是法国惩治罪犯的地方。岛上的总督招待他住在一间简陋的屋子里，还派了两个杀人犯照顾他。他每天观看刽子手在场地练习，把一段和脖子一样粗的香蕉茎放在断头台上。

毛姆印象最深刻的是那些罪犯，特别是杀人犯，通过了解，诱惑他们犯罪的往往都是微小的金钱方面的动机。恶魔岛之行为他提供了许多别处没有的小说题材。

1936 年 5 月，毛姆前往伦敦，他 21 岁的女儿丽莎将同一位瑞士驻英国公使的儿子文森特·帕拉维西尼结婚。7 月，在庄严而隆重的婚礼现场，毛姆亲手把女儿交给了文森特。文森特有着"伦敦最好看的男人之一"的称呼，连毛姆都觉得他是极俊美的青年，但西莉并不特别喜欢他，只觉得他马马虎虎还算过得去。而女儿丽莎也遗传了母亲的美貌，娇小而迷人，这对神采飞扬的新郎和新娘被伦敦报界称为"金童玉女"。

毛姆送了女儿女婿一所泰晤士河附近的宅子和一大笔股份，西莉的礼物则是发挥她的天赋，帮这对新人装潢新居。毛姆非常满意两人的结合，美中不足的是要和西莉见面。他坐在西莉旁边，一言不发，并拒绝同她一块儿拍照，他一直对她怀着恶意，认为她没有好好教育丽莎。

他告诉朋友说："丽莎从来不知道该如何照顾自己，或以任何方式使自己生活得更好，这都是她母亲的错，西莉除了社会地位之外不对任何事情感兴趣。她一向都是个势利鬼，只会教导女儿一生当中最重要的便是抓住一段好婚姻。"话虽如此，但毛姆自身就很势利，而且他从来没有设法填补丽莎教育上的空缺。

1937 年，《戏院》一书问世。这部小说流畅有趣，后来还被改编成剧本。这本小说看不出是时局转变时期的作品。毛姆始终是生活在法国境内，对于世情的变化仍是十分清楚的，他后来分析法国崩溃的原因，见解相当精辟。

这年的 10 月，丽莎传来喜讯，说她生了个男孩。当了外祖父的毛姆迫不及待地赶去英国瞧他。

在写给侄女的信中，毛姆也抑制不住喜悦之情："丽莎觉得自己生了个儿子好了不起呢！她要叫他尼古拉斯·萨默塞特。""他的脸红红的，一脸生气的样子，我猜他不是很赞美这个世界。"

1938 年，毛姆首次来到印度。他描写印度的方式和从前描述在马来西亚和南太平洋上英国人的方式不同，毛姆把这种新颖留给了《刀锋》。

毛姆对英国人在印度的种族歧视和地方偏见感到愤怒。有一次他和一位英国低级官吏的太太一起喝茶，那位太太对他说："你知道，不到万不得已，我们是不会和印度当地人接触的，尽量会与他们保持距离。"毛姆马上对面前的这位女士心生鄙夷，他觉得这样的女人，在英国最多是个给人修指甲的。

在印度，最令他着迷的不是英国统治下的风土人情，而是印度本土那些精神上特立独行的圣哲与禁欲的苦行者。印度的贤人们能够超脱欲念，这引起了毛姆的深思。毛姆总是为了满足自己的欲念而求诸别人，这并不是他否定自己，而是他深知作为一介凡人永远无法达到与世疏离的境界。对于灵魂的轮回转世的说法，毛姆也心向往之。

1938 年，毛姆的《总结》出版，这部书将毛姆对灵魂和生命的一般思想呈现在大众的面前。《总结》大部分是自传性的，深思而平静，他思索成功与失败，以富含意义的事情来叙述它们，并提出一些明智的忠告。他坚信，好的散文就像一个有教养的人所说的话，他并不夸耀，可是我们感觉得出，他对自己曾经的努力求进且达到事业的巅峰有某种程度的满足。他知道自己并未让批评家满意，可是金钱却补偿了他。

《总结》中透出一种崇高的谦逊，不矫揉造作，浮动着毛姆的聪明智慧。在书的末尾，毛姆论述了人生意义的问题，他说："快乐不是最终的答复，由于我生性使然，我从人生的痛苦中感受到的比从快乐中感受到的要多。"除了大众的欣赏，《总结》还获得了最严厉的批评家的赞赏。

《总结》墨迹未干，毛姆已经开始撰写《圣诞节》，写的是全世界的政治情形，这可以算是新的尝试。从文学观点来看，《圣诞节》也许不该出版，然而它虽然没有起到实际的警示目的，但却是合时宜的。

以笔为韧

第二次世界大战爆发前几个月，毛姆的身边一直准备着一小瓶安眠药，他不愿被德国人俘虏。当时一位德国小说家遭纳粹政府放逐并被剥夺国籍，又为法国当局所拘留。毛姆为此义愤填膺，反应热烈，被列入"盖世太保"的黑名单。在毛姆和朋友的联合求情下，这位小说家才得以获释。事后，毛姆十分谦虚，并不居功。

危机继续加剧，法国终于开始设法保护海岸，只是为时已晚。眼见大战就要爆发，莫雷克斯依旧闲适淡定地接待着各方宾朋。毛姆认为过得舒服快乐，就是对纳粹最好的报复。这个世界即将承受更加残酷的重创，而莫雷克斯如同远离尘嚣的世外桃源，人们在这里享受着最后的假日。

大战终于爆发，情势的严峻一如毛姆所料。大战开始时，毛姆到巴黎去搜集资料，写了一系列的文章，后来以平装本的方式发行，题名为《战斗中的法国》，竭力鼓舞法国民众的士气。1940 年初，毛姆到英国去了三个月，回到里维埃拉时，正值德军入侵比利时与荷兰。

得知这一消息的毛姆哭了，哀伤让他更加衰老。他已经订购了两万个郁金香花球，要使莫雷克斯成为一片花海。现在，他必须离开了。毛姆曾经推测着郁金香花开的时候，希特勒早已被埋葬了。可是，希特勒继续活跃着。

毛姆不敢停留在里维埃拉，他立即前往威尼斯，并幸运地与其他难民挤上了一条即将驶往英国的船。这趟行程拥挤、枯燥而危险，这艘千吨的运煤船内挤满了难民，舱里弥漫着肮脏的恶臭，六十多岁的毛姆很久没有受过这样的苦了。不过毛姆经常出门，没过多久，他便习惯了旅途中的颠簸和艰辛。战后毛姆曾透露，他曾经在旅行中随身携带过 10 万美元的现金。这确实很冒险，可这次他偏偏手头拮据，仅这一次的经历就已经够他受的了。

眼见自己在《圣诞节》里预见的灾难都一一成真，毛姆十分恐惧，他现在无家可归了，莫雷克斯或许再也回不去了！不过还好，在这样的焦虑愁困里他还有一项可以舒缓神经的消遣——写作。这期间他又出版了一个短篇小说集，内容十分轻松有趣。

10 月，毛姆离开伦敦前往纽约。临行前他已尝受过多次空袭的凌厉与炮火的威猛。赫克斯顿仍留在里维埃拉，收拾莫雷克斯的财物，冷静地安排一切，以等待主人战后的回归。

到了纽约后，毛姆看见来接他的丽莎又怀孕了，此时文森特已经被征召加入了英国陆军。毛姆刚刚通过移民局的关口之后，立即要了杯老式波旁酒，无限享受地啜饮起来，接着他从背心口袋里掏出事先备好的一小瓶安眠药,摔在地上,又把脚踏上去将药瓶踩个稀烂,说:"现在我不需要它了!"

11月间,毛姆开始为英国的战争游说,把自己称为"亲善大使"。在这里,毛姆被当作名人看待,华纳兄弟影片公司还特意为毛姆开了一个鸡尾酒会,崇拜者们纷纷来住处拜访他。不久,丽莎生下一个女儿,取名卡米拉,毛姆又多了个外孙女。

起先毛姆待在纽约的丽兹酒店,每月有1500美元的薪资,他执意不肯多拿,觉得自己的国家正为存亡而战,不应再招摇。他每月给丽莎300美元,并付赫克斯顿薪水,请不起司机。毛姆本身对旁人的怠慢无礼非常敏感,他在社交场合里的举止优雅如绅士。他的诙谐也如女人抗拒不了甜食一样,无法隐藏不用,而他的诙谐和俏皮也时常会得罪一些人。

毛姆喜欢对健康有益的天气,他对美国的"家"也很满意。同时,他可以通过阅读法文书籍来寄托对法国的忧思之情。1942年秋,他开始写《刀锋》,许多的笔记和情节的设计都是几年前所做的。《刀锋》的部分背景在法国,述说的是一个美国青年想经由印度哲学而追寻生命真谛的故事。书中的一个妓女的形象有巴尔扎克笔下法国娼妓的影子,她用情审慎,自力更生,开朗、活泼、快活,在毛姆眼中,她可比那些过分依赖男人的女子可爱多了。与此同时,他的《月亮和六便士》要在美国上演了,在有生之年能够看到这部片子首映,68岁的毛姆心怀感激。这时,赫克斯顿在华盛顿因酗酒身亡，对他的死，毛姆似乎早有预感。有次宴会，赫克斯顿喝了过量的酒之后，就一个人潜进空荡的游泳池里，差点淹死。

人们很难确实地衡量出赫克斯顿的德行，或是他对毛姆的影响。除毛姆之外，大多数接触过他的人都说他不好。不过这些说坏话的人或许是看不惯他在毛姆跟前得宠，他们自己的品行也未必清白。赫克斯顿颐指气使，让毛姆为他这个小辈添酒，固然是不对，可是人们不总是心甘情愿为自己喜爱的伙伴服务吗？提到他的时候，毛姆曾说过这样的话：

> 你永远也不会知道，这对我是多大的打击！我一生当中最愉快的那些岁月——那些我浪迹天涯的岁月都与他分不开。无论怎样，我在前二十年中所写的一切都与他多少有关，即或他只帮我打出稿件而已。

这样的悼述并不热烈，毛姆本来就不擅夸张表达的情感，从他这段说辞里绝瞧不出他对赫克斯顿真正的颂扬和感情。

对毛姆而言，最要紧的是自己独处的时间，以及在这时间里他能产生什么东西。毛姆说，西莉最讨人厌的就是她喜欢热闹、讲究排场，那些动辄搞到三更半夜的宴会让他无法忍受。人们可以抱怨毛姆没有情调，可他是个勤勉的作家，不是闲得没事做的人，虽然他不真正排斥社交生活，然而早上9点钟他还有小说要写呢。

毛姆去好莱坞时仍然维持着这样的习惯，晚宴在 10 点之后立刻结束。在电影事业鼎盛时期，明星们早上 6 点之后都需赶赴摄影棚。这就是专业人士的生活，如果想要生产一部作品的话。

1944 年 4 月，《刀锋》在纽约出版，7 月在伦敦出版。此时战争还未结束，但是输赢已经毫无悬念。这本书虽写于战争期间，却有人指责毛姆故意鼓吹新信念。其实责备毛姆虚情假意的人不妨这样来看：毛姆崇尚纯真，正因为他明白自己不够纯真，为使书的情景更能适合读者的胃口，他加了些糖，甚至于忠告对东方哲学无鉴赏力的人略过某些章节不看。有人指责他这样一把年纪，又拥有那样一大笔的财富，大可不必把酒酿得那么甜。一个杰出的小说家实在无须怀疑自己的才赋。不过，在告诉人家说你无福消受某样东西之后，也许你更会被引诱去尝试这样东西。就这样，毛姆再度以笔服务大众，他不鄙视自己笔下的妓女，他觉得自己与她们一样，给予金钱很高的评价。

《刀锋》极为成功，它回顾陷于敌境的欧洲，同时也提醒胜利者，或是即将胜利者，没有烽火的生活会是怎样的。毛姆的新小说证明了大战并未改变一切。可是尽管如此，仍有人提出异议，因为观点不同，一位杂志的编辑曾拒绝毛姆写的一篇侦探小说。

《刀锋》要被 20 世纪福克斯公司拍成电影了，毛姆在加利福尼亚州参加筹备工作。可是这部片子的制作人不喜欢改编后的剧本。等毛姆第一次有幸得见这部被别人改编成的剧本后也傻了眼，当下闭关重写剧本。他花了三个月的时间，分文不取。因为这本书对他意义实在太重大。二十世纪福克斯公司对于毛姆的慷慨十分过意不去，他们想，既然毛姆不要酬劳，那就送幅画给他吧。后来毛姆选了一幅法国画家的雪景画，价值 1.5 万美元，毛姆从来没买过这么昂贵的画。

不过后来发生的事情令毛姆十分诧异，毛姆改写的台词一句都没有出现在电影里。原来电影公司把毛姆的剧本转交给一位剧作家，这位剧作家把剧本改写了 12 次之后，电影公司才满意。虽然毛姆有好多部小说都曾被搬上银幕，其中《雨》被三次拍成电影，可是他对电影不能像戏剧那样得心应手。曾有人批评毛姆对他笔下的法国一无所知，而由此怀疑《刀锋》的剧本是否真的那么好，还是只是加利福尼亚人的客气而已。

挑剔的评论家

在赫克斯顿之后，艾伦·赛尔成为毛姆的秘书兼友伴。他和赫克斯顿一样的粗俗，只是个性不同。毛姆认为他为人比较深沉，并且像忠犬一样可靠。艾伦应付宾客很有技巧，对长辈也很有一套。毛姆对艾伦很满意，便带他一起回到法国。

再次回到莫雷克斯，这里的一切早已面目全非，原先贵族名流的休闲胜地饱受战争的摧残。先是法国人的抢占，接着是意大利人的掠夺，继而又有德国人来占领，最后又遭受英国人的炮轰。毛姆收藏的酒都被人喝光了，他们还在他的花园里埋了地雷，房子被毁了，只有高更的玻璃画仍在原地。书和所有拿得动的宝物都失窃了，不过其中大部分都在相关部门的协助下找到并归还。

幸好毛姆是个有法子、有财力的人，经过一段短期的修复，这里又重新焕发了往日的光彩。他在《此一时彼一时》中这样写道："人是多么优秀的动物呀，只要有胆识，有智谋，有金钱，没有什么是办不到的。"72岁的毛姆要在重建的家园开始新的生活了。

1947年2月，丽莎离婚了，毛姆很为女儿担心，为此，他为自己的外孙和外孙女设立了信托基金。不久，他恢复了写作，7月里又出版了一部短篇故事集。

《此一时彼一时》出版于1946年。有人认为这部书成于战前。《卡塔琳娜》是毛姆最后的一本小说，这部书在英国第一次就印了5万册，还在杂志上连载过。不知从何时起，毛姆竟成了畅销书的作者。小说以西班牙宗教审判时期为背景，在老年又回到了历史小说，这回不是他少不更事，而是他年老力衰，才使他要借助历史的大事来激发自己的灵感。这部书结构松散，形式老套，流露出毛姆才能的衰退。

《此一时彼一时》和《卡塔琳娜》中都有毛姆惯常的机

敏和智慧，可惜常因夸大而遭扼杀。尽管如此，意大利和西班牙是除法国以外毛姆最喜爱的国家，这两本书中对它们的描述仍然有着动人心弦的部分。与往常一样，一些对毛姆惯有成见的人早已准备好言辞要进行攻击了，一位威尔森先生在杂志中发表了一篇文章：

> ……我一次又一次地碰上品味不凡的人，他们总告诉我说，应当以严肃的态度来看待萨默塞特·毛姆，然而我却无法说服自己他不是个二流的货色……他的小说《此一时彼一时》——我曾发誓要把它看完，可是在前半部里就无法继续了，粗陋难读之处比比皆是，我好多次都以为再也读不完了……它的语言如此陈腐，难免令人心生疑窦，作者究竟有没有能力来拼凑这些东西……

这篇文章激起了毛姆迷的愤怒，他要求这个乖张的威尔森先读读他的几个短篇小说以后再说话，于是威尔森又再表示说：

> 我尽力地啃了十几个。它们颇为可读——相当有意思。毛姆先生在用词最简朴的时候写得最好。可是这些都是杂志上的商品，大约与夏洛克·福尔摩斯的水准相同，但是夏洛克·福尔摩斯却更有文学尊严，

因为他不装腔作势。毛姆先生把严肃的主题拿来戏耍，他的作品里全是虚假的动机，那是每月要把戏时所必要的。他是半垃圾小说家，却受到半严肃的读者的追捧，而他们对于写作并不在行。

　　这番道歉比原先的攻击更加尖刻，威尔森更是故意拿毛姆与同样有过学医经历的柯南·道尔相提并论。这样的攻击对毛姆的影响也不是那么大。他常说他是不看评论的。他曾经订阅过剪报，可是他经常出外旅行，等他回来再看到自己新书的评价时，已经时过境迁了。他发现那些已经不再新鲜的东西既不令人痛快，也不令人痛苦，久而久之，他就不再读书评了。当然，总会有些愤愤不平的朋友赶着来告诉他威尔森是如何可恶，毛姆倒不妨这样安慰自己，他在戏剧、小说和短篇故事的领域里已经大获全胜，威尔森却是一文不名的。

　　毛姆是变幻莫测的，就像一家时常更换大厨的餐馆，相同的菜品，却总能吃出不同的风味来。有时他以辛辣的向导身份出现，带人们去观看形形色色的大千世界，可当他再次出现在你面前时，又变成一位温吞、絮叨的说故事的人。他的书大量销售，为他带来大笔的钞票，然而他确实是有弱点的，他的作品里缺乏丰富的想象力和象征意义的陈述，它太一目了然，不够深刻，因此他成不了文学巨匠，同时他那反教义的偏见与讽刺，与英国文学的传统理论不相吻合，他缺乏艾略特崇拜式的怀乡情绪，也达不到劳伦斯那样预言式的顶点。

小说创作生涯结束，毛姆决定要自己当评论家了。美国费城一个出版商请他为大众读者精选出十大小说，加以剪裁，并撰写评论性文字。毛姆精选出的十大小说是：《汤姆·琼斯》《大卫·科波菲尔》《包法利夫人》《高老头》《呼啸山庄》《红与黑》《傲慢与偏见》《白鲸记》《战争与和平》《卡拉马佐夫兄弟》。毛姆总说，读书的艺术就是挑选的艺术，他斗胆帮读者做起挑选来了，也因此招致不少非议。

1948 年，丽莎同约翰·霍普订婚。霍普是个讨人喜欢并事业有成的单身汉，战后投身政治。丽莎早已有份工作，能够自力更生了。7 月，毛姆飞往伦敦主持了丽莎的婚礼。婚礼中，他与西莉各自坐在礼堂的两端，中间隔着很远的距离。

毛姆继续云游各地，回到莫雷克斯时便埋头写些随笔之类的东西。1949 年他出版了《一个作家的札记》，开始公布自己收集的小说材料、使用的窍门与技巧等。他在《一个作家的札记》中透露，想写最后一本小说，题为《兰姆贝思的丽莎之子》，故事背景设在伦敦东南部的柏蒙西。但他后来在搜集柏蒙西的资料时，发现这一地区的已遭"福利处"抑制，人们虽然吃住有了保障，但生命的火花却已经熄灭，"丽莎之子"因此未能诞生。究竟是柏蒙西当地的人们失去了贫穷的同时也失了个性了？还是毛姆失去了创作的火焰？不得而知。

　《一个作家的札记》影响深远，独具匠心，它提醒作家们，生活与意念同为文学的根本，这部书与《总结》都多少带有司法的味道，只是《一个作家的札记》没那么正式，并充满着琐细的教导和提示。

　　他依然到各地去旅行，不只是享受当地的风土人情，也享受在当地累积起来的名气。有次在西班牙，感受了奢华之旅后，他在一家最高级的旅馆里准备付账，旅馆的人却说，他们不能向他这样的大作家收钱。1951年，他的一部关于各地见闻的短篇小说集出版了。

　　1948年毛姆又进入了另一个巅峰，他有四个短篇故事被拍成一部电影《四部曲》，这次连他本人也一并出现在银幕上，他对自己的作品一一加以介绍。在拍摄过程中，起先由于他这位"老家伙"的在场，令大伙都很拘谨，后来在摄制暂停时，一位工作人员走向毛姆，以同事般的口吻对他说："喝杯茶吧！萨默塞特。"毛姆自然地接过了茶杯喝了起来，拘谨的气氛瞬间化解了。

　　《四部曲》相当成功。接着又拍了部《三重奏》，都是相同的模式。频频出镜的毛姆变得家喻户晓，在他具有讽刺性的智慧里，透着鲜明的勇气，这吸引了一批追随者。成千上万的信件和手稿涌入莫雷克斯，很多人希望得到他的忠告和斧正，莫雷克斯成了先知的圣堂。在那一时期的作家里，更多的人愿意向他请教并因此受益，因为他的意见坦白中肯，一语中的，且不挑剔。电影中的成功露脸，使毛姆鼓起了勇气在电视上介绍自己的短篇故事，并灌录成唱片，可是没多久他便不再做了，因为这样的工作太累人。

晚年的毛姆竭力地显出亲切和蔼的神态。他创立一个"萨默塞特·毛姆奖"，每年让一位青年小说家去像他一样环游世界。旅游仍然是他莫大的享受，也是他群居的方式，因此他不能停止。80岁时他还去了意大利和西班牙，毛姆活到了80岁真是一大胜利，他就像自己说的那样"收到了长寿赠送的红利"。牛津大学颁给他博士学位，伊丽莎白女王二世赐予他"荣耀武士"的荣誉。对于渐走下坡路的大英帝国，他却觉得未尝没有值得安慰之处：

> 不错，就整个国家而言，我们变穷了，但是我们也有所补偿，就个人而言，我们变得更为自由。我们已经摒除许多愚蠢的偏见，两性之间的关系更为自然；我们的衣着不再那么正式，也舒适许多；我们的阶级意识不再那么浓厚，我们不再过分多礼，也不再那么骄纵狂妄。

英国变穷了，可是毛姆没有，他有很多的钱，却常为钱操心，金钱对他来说不是一种满足，有时甚至成了他愤怒的起源。他的名画价值连城，可是他却觉得挂在墙上不安心，如果可以，他倒想挂在自己的脖子上，后来，他索性把大部分的收藏都卖了，一些遗赠给国家戏院。他收集的印象画派作品曾被拍卖到 55 万英镑。

毛姆 81 岁生日那天，戏剧俱乐部为他举办了欢庆宴以示崇敬，他的一位朋友记录了宴会当天的情景：

> 场面庄严感人，但却是在令人不安和精神紧张的方式下开始。毛姆上场之后大家起立喝彩，等宾客们重新坐定，他便开始演说。他讲了几句寒暄的话，然后顿了一下，说："年纪大了也有许多好处。"他停下来，咽了口水，润湿下他的嘴唇，并环视下四周。停顿的时间拉得很长，他看来像是变呆了……接下来，还是长时间的停顿，时间已经太久太久了。他往下看，凝视着桌面。整个房间被紧张所笼罩，他病了吗？最后他抬起了头，说："我只是想想……究竟有些什么好处！"

> 他的幽默令整间屋子的人恢复了轻松，大家都会心地笑了。

这次庆祝宴会十分成功，似乎毛姆一生的事业也因此而成功地被盖棺论定了。英国国家广播公司制作了他的五个剧本，并演出了他的五个短篇故事。他的随笔出版，初版印了 4 万册，并仍在继续销售中，毛姆无疑正处在事业的巅峰。一位剑桥大学的学生还就此写了首打油诗：

威廉，威廉，萨默塞特·毛姆

你处在文学事业之巅

你将继续被看好

直至九十九

威廉，威廉，萨默塞特·毛姆。

末日的孤寂

为了规避遗产税，毛姆已经把莫雷克斯改成民营公司，股权落在丽莎名下。这样做了以后他便开始忧虑，觉得莫雷克斯不再属于自己，因此开始怨恨丽莎和霍普，他感到自己像是莫雷克斯的客人。1954 年 8 月，丽莎和霍普带着孩子来莫雷克斯玩，可这次的家人聚会却不再如往日那般和谐了，毛姆对女儿，尤其是霍普的感情有了奇异的转变，在毛姆眼中，霍普做的每件事都不对，他甚至管霍普叫"霍普力失"（霍普英文"Hope"为"希望"之意，霍普力失英文"Hopeless"则为"无望"）。毛姆满脑子想的都是：假如丽莎死了，该死的"霍普力失"便会把他扫地出门。任丽莎如何劝解也无济于事。渐渐地，毛姆拒绝修整房屋，理由是它不再属于他，连屋顶漏了他都不管。事情闹成这样，霍普只好识趣地躲开，此后的几年，他再未踏足莫雷克斯。

毛姆继续着乖张的生活，也继续着写作，1959 年，他将自己熟透了的思想汇集成一部《观点》并出版了。

莫雷克斯里的生活和往年一样，每日清晨依然在写作中度过，午后与晚间会有访客，但是比以前少了。客人们谈天，打桥牌，若是只有毛姆和艾伦两人时，他们就在户外燃上野火，但不是为了野炊，而是为了焚毁。

晚年时期的毛姆

著作等身的这样一路走来之后，毛姆的担心从金钱转移到自己的名誉上来，他决不容许"出版界的败类"在他死后对他做破坏性的揭露，他希望留在人们记忆里的是只出精品的他，是设置"毛姆奖"的他，是捐款给坎特伯雷皇家学校的他。于是他焚毁了早年的信件、日记和手稿，并烧得十分过瘾，一旁的艾伦看在眼里，无尽惋惜地跺脚叹气。

毛姆功成名就的一生，却多在懊悔和怨恨中度过，因此烧毁信件和日记等行为也并不为怪。不过，他仍是仁慈而慷慨的。曾有一位年轻的未曾出版过任何作品的作家对毛姆这样评价：

……我同他既不相识，自身又无成就，但写给他的信他立刻就回复了，说请我过去喝茶。毛姆的朋友艾伦·赛尔开车来接我……我们在客厅里等"大师"。现在我可以看见他了，他穿过重重的门，从挂着大幅灰色毕加索画的通道走来，他是个身材纤小的人，年事已高却行动敏捷，他穿着黑色法兰绒的长裤，粗呢外套，颈际好像围了条软羊毛围巾。

"这就是毛姆先生。"艾伦·赛尔说，毛姆同时并伸出了他的手。这使我联想到一个杰出的医生来查看我们今天的情况。他没有太多时间给你，可是只要你还在他面前，你就确定能得到他的关注。

"现在该给你来点茶了，或者你更愿意来杯酒？"毛姆随和地说道。

"谢谢你，喝茶好了。"我说。

一会儿，一个身着白色外套的男仆提着茶具和精美的茶炉走了进来。为了消除不自在感，我在茶里加了点柠檬，毛姆看到后也同样这么做了，这令我受宠若惊。毛姆很好，谈话中显出很关切的样子。他花了十年的工夫，才得以在伦敦推出一点东西。

喝过茶，他告诉我应该找个工作，他一边点香烟一边跟我说话，不小心火柴从他的手指间滑了下去，落入沙发坐垫间的缝隙里。他拍打着隐埋了的余烬，显出老年人大惊小怪的惊慌，他的样子令我不忍，惊恐让他一下子老了很多，我顿时觉得好爱这位老人。

过后他问我多大年岁了？我告诉了他，他说："你还有的是时间，有的是时间。"

1955 年，76 岁的西莉过世。据说毛姆异常高兴，并且写下一首歌谣以示庆祝：

哒拉拉……

再无赡养费啦！

哒拉拉……

经过了许多年的努力，西莉已经成为一流的装潢家。她度过了富足的一生，同时她也是个好母亲，对女儿无尽的娇宠疼爱，使丽莎得以顺利地长大成人，还顺利地做了母亲。她从不说毛姆的坏话，对于毛姆的怨愤她从不反击，却对他的成就感到骄傲。

可是毛姆仍旧尖酸、残酷，有时甚至连他的慷慨也都是尖刻的。

毛姆一直保持着轻灵活泼的习性。他定期游泳和潜水，和好友们玩桥牌。他继续写随笔，像个年迈的国王，继续在文学的帝国里逡巡。

他仍每年回一次伦敦，在 1958 年，他在伦敦时还借助助听器去看了一出根据《月亮和六便士》改写的歌剧。1959

年他最后一次去远东。他第一次发表有关马来西亚的短篇时，愤怒的殖民者把他骂得死去活来，可是如今，旧日的怨恨已经消退了，他到哪里，哪里便会无上荣光地接待他。在日本，有 4 万人去参观他为期 10 天的作品展。甚至到了 70 年代时，他的作品竟然还以畅销书的姿态，为人们所争相购买，以致有人还酸溜溜地认为日本人品味太差。

从日本返乡途中，毛姆还去了越南、泰国和缅甸等。对于一位八十多岁高龄的老人来讲，这样的旅途未免太劳累了，那次回来之后，他开始在瑞士的诊所接受一连串的注射，好为身体注入"活力"。

1961 年，毛姆开始不肯接见女儿丽莎。丽莎写信给他说：

> 最亲爱的父亲，您不肯见我，这让我难过极了！我实在不明白自己究竟做错了什么，为什么您突然就不理我了呢？别让我们之间这层可怕的隔阂再继续了吧！
>
> 附上所有的爱，丽莎

可丽莎等来的回信却太出乎自己的意料了，回信是律师事务所寄来的，信中提到丽莎与父亲发生争端，建议她同丈夫霍普前往事务所一谈。这下丽莎觉得受到了羞辱，她不明白父亲为什么要让律师来插手家务事。三天以后，艾伦打电话给丽莎，请她去见见毛姆。丽莎以为父亲病了，急忙赶去，却见毛姆像往常一样精神愉快、兴致高涨。

1962年4月，毛姆准备将他的藏画拍卖掉，包括丽莎名下的在内，总共卖得140多万美元。而丽莎一直以来都以为她名下的画就是送给她的，卖画所得款将有她的一份，因此她控告了拍卖公司，要求获得9幅画的售款，近65万美元。

1962年秋，毛姆的《回顾》打算在杂志上连载，整部作品就像一个狂人在咆哮。在这部作品中，毛姆放弃了之前所有高雅的审美和一直坚守的谨慎原则，用极尽粗野的骂街攻势来诋毁死去的西莉，还指责她势力、自私、用情不专、不择手段等。他把曾经和西莉一起度过的美好时光和初为人父时的幸福、喜悦忘得一干二净了。写了这样一部作品，不禁引人猜测，毛姆难道决定去死了，并以这种方式让自己孤独地离开人世？这部书出版后，好多老朋友都为此而同他决裂，一位西莉的设计师朋友还特别为西莉写了篇辩护的文章：

> 萨默塞特·毛姆先生以这样低俗的方式来叙写他的亡妻，究竟是想得到什么？而同样令人不解的是，他选择这样无意义又恶毒的方式，来描述一个已经不再能开口为自己辩解的女人，受到伤害最大的却是自己的独生女儿。
>
> 我是西莉·毛姆许多真挚朋友中的一位，我们相

识已经超过 25 年，我要说这位非常不同凡响而又讨人喜欢的女性，她所留给我的印象是多么与众不同。西莉绝不是如毛姆所描述的那样，是个一无资产却一味追求享乐的女人，相反的，她是我有幸认识的一位机智聪明的女性之一。她本身在装饰方面极具创意的天分，影响了 20 世纪 30 年代英国和美国的装潢流行趋向。她对于我和许多在事业边缘的青年人都曾给予鼓励和协助。她有着无穷的精力和鼓舞人的意志。我想不出还有哪个人能像她那样逸趣横生，或者在你最需要朋友的时候，能够那样体谅和温驯。

一位叫诺埃尔·科沃德的人曾经是毛姆和西莉两人共同的朋友，他在看了《回顾》之后，告诉另一位毛姆的朋友加森·卡宁说："写出那些可怕、肮脏的文字的人已经不是我们那个多年的老朋友了，他已经被恶魔附体，现在他是个危险的、令人害怕的、需要躲得远远的家伙。"

虽然《回顾》分别在美国和英国两地发表，却有人谣传，是比佛布鲁克爵士在幕后怂恿毛姆做这样低级趣味的坦白的。比佛布鲁克的鬼点子最多，或许是他花了 10 万英镑购买了《回顾》的连载权，他不仅是个精明的商人，更是个精明的出版家，他知道不体面的文字往往更能吸引人。

毛姆总说：完全的自白无异于展露自己是个邪恶的坏蛋。他若是聪明些，就不会在大众面前口无遮拦了。《回顾》中事实和虚构交杂，对西莉的诋毁和满篇的自大言语显得肆无忌惮和欠缺涵养。对于这件丑事和它所造成的纷扰，毛姆或许也感到一丝悔愧，此后他再未回到英国，同时也禁止将《回顾》印成单行本。

《回顾》风波刚刚平静，又有流言传到毛姆的耳朵里，说丽莎要让法院判定她父亲已没有能力处理自己的事务。这事传到毛姆的耳朵里，他开始对这种空穴来风不安起来，甚至夜不能寐。毛姆去咨询了一位律师，律师建议他另行收养一个孩子，这样他的权力可以得到转移。

当年12月，毛姆正式收养了艾伦·赛尔为养子。毛姆的律师同时诉请丽莎归还所有的礼物，理由为不知感恩。次日，《每日邮报》刊登一则漫画，画中毛姆抱着一个像艾伦脸孔的婴儿说："护士，他刚刚喊了我一声'爸爸'哩！"

1963年，丽莎宣称要诉请法院判定艾伦的收养无效。她对新闻界说："我并非为钱财的原因而这样做，我只是不能任凭别人摆布，就这么丧失了一个女儿的身份。这不只有关我的尊严和立场，更关系到我的孩子们。"可是毛姆的律师称毛姆有权收养艾伦，并指丽莎的身份并不合法，她不是婚生子女，她出生的时候，她的母亲仍是亨利·威尔康夫人。根据英国法律，非婚生子女只有父母于事后在英国结婚，才能成为合法，但毛姆和西莉当初并不是在英国结的婚。丽莎的律师则辩称，毛姆和西莉同为英国子民，应适用英国的收养法。

英国报界对此事大加渲染，写着"我为何与我所敬爱的父亲争抗""我不要毛姆的钱""我当然是毛姆的女儿"等标题的新闻铺天盖地。

最后法庭根据丽莎写给毛姆的署名为"爸爸"的信判决丽莎获胜，艾伦的收养因此无效。法庭宣称，由于两者俱为英国臣民，应适用英国法。英国法规定，非婚生子女之双亲如果最终结婚，其非婚生子女应视为合法。

丽莎获胜了，这么多年来毛姆已经不习惯去体验挫败了。多年以来毛姆一直一意孤行，为所欲为。他的所有受雇者都对他唯命是从，出版商和经纪人在他的书的销售数字之前低头，莫雷克斯的宾客则无人胆敢违抗他的意旨。现在与他抗争的却并非外人，而是自己的女儿。他在这场官司中败下阵来，但他仍不罢休，他继续上诉并等待上级法院复判。

父女之间的怨恨越积越深，甚至外孙女卡米拉的婚礼毛姆都没去参加。而这场与亲人之间的官司也似乎令他衰老。毛姆总是喋喋不休、胡言乱语，有时他会不记得自己是谁，有时他也会为自己的报复性行为和促狭的言行而流泪。宾客们仍然到莫雷克斯来，但面对这个喜怒无常的老人，大家都不知道接下来的一分钟会有什么事情发生。

一天午饭时，仆人用银盘端上来一道龙虾沙拉，毛姆拿起这盘美味的沙拉就往地上倒。"哎呀！威廉，你这个顽皮的孩子！"艾伦说。

"我哪里做错了吗，艾伦？"毛姆问。

里维埃拉住有一个名叫埃里克·邓斯坦的人，毛姆十分讨厌这个人。但是艾伦还是设法让他请邓斯坦过来吃午饭。席间毛姆与邓斯坦两人谈天说地，毛姆时不时地咯咯笑出声来，艾伦很高兴，以为两人终于冰释前嫌了。饭后，两人喝着咖啡，毛姆啜了口咖啡，对邓斯坦说："快跟我说说，那个卑鄙下流的猪猡埃里克·邓斯坦现在什么情况？"

毛姆逐渐地失去了体力和思维能力。有一次，一位国会议员和一位艺术评论家来看毛姆，他们走进客厅时，看见毛姆从沙发后冒出来，一边整理着裤子——他才在地毯上解了大便，然后像个不懂事的顽皮小孩，抓了满手的粪便。

即使这样，毛姆仍然坚持一年一度的短途旅行，艾伦实在拗不过他，只好带他到慕尼黑，这场旅行真是一场噩梦。事实证明毛姆能够旅行的日子已经结束了。他不是在清醒的时候怨天尤人，就是在神志不清的时候胡乱行动，他还抱怨艾伦，说他是自西莉以来最爱唠叨的人。

1964 年 1 月，丽莎要求分享名画拍卖所得的官司达成庭外和解，条件是丽莎获得售画所得的 25 万美元，并放弃一切其他产业的要求。丽莎很愿意和解，她不忍心把精神状况很糟糕的父亲拖上法庭，毛姆也想要和解，于是毛姆和丽莎联合发表声明：毛姆先生和女儿约翰·霍普夫人之间的矛盾已经解决。毛姆支付了所有的法律费用。同一年，丽莎的丈夫霍普先生获得了爵位，她也因此成了贵夫人。

7 月里，毛姆草拟了遗嘱。他把莫雷克斯里的所有产权股份留给女儿丽莎，艾伦获赠5万英镑，此外，还有莫雷克斯内的所有财物，并在有生之年收取毛姆的所有版税——每年约5万美元。艾伦故后，版税归属"皇家文学基金会"。毛姆的厨子和司机各获得2000英镑，其余仆人每人各得500英镑。

关系缓和后，丽莎来看望父亲。艾伦在电话中警告她："在你们之间一定要隔着一件家具才行，他最近凶蛮得很，还攻击过我。"自己的父亲被人说得如此不堪，丽莎很是难过，坚持要来看毛姆。可是见面更令她伤心，毛姆认不出是她，把她当成了西莉，还问她说："怎么总不肯把店关了？"

1965年1月，丘吉尔去世，与毛姆同时代的人仅剩毛姆一人了。但这枚仅存的硕果也日渐虚弱，尤其是他的神经。他总坐在角落里生气地唠叨着，时不时地会喷出一连串的脏话，有时他会衰弱地抽泣，这些极端的状态总是交替出现。在92岁生日前两个月，毛姆在花园里摔了一跤，跌伤了胫骨。隔了几日，他被屋里的地毯绊了一跤，头撞到了壁炉上。当天夜里，他睡觉醒来，下床时又摔倒在地。艾伦发现他躺在卧室地板上，已经不省人事，艾伦赶忙将他扶起来。恢复了意识之后，毛姆对眼前的艾伦说："哎呀！艾伦，你到哪里去了？害我找了你好几个月。我要跟你握手，感谢你为我所做的一切。"这句话竟成了毛姆的临终遗言。

艾伦把毛姆送到医院，毛姆陷入了昏迷状态，肺部充血、发烧，而且血液流不到脑部，后来他的腿部失去反射力，医生开始使用氧气。12月15日，毛姆在这家为纪念维多利亚女王而建立的医院里与世长辞。根据法国的法律规定，凡是在医院中死亡的必须接受解剖。为避免毛姆被解剖，艾伦将毛姆运回莫雷克斯，于次日向外宣称毛姆死于家中。

艾伦知道毛姆将要不久于人世的时候，他没有告诉丽莎，在毛姆已经死去整整24个小时后，丽莎才得到通知。毛姆生前指示要火葬，骨灰归葬坎特伯雷皇家学校。他不要任何追悼仪式，他曾说："追念仪式是现代礼仪中的一种丑陋的形式……它同鸡尾酒会一样是种社交活动……那些在场的人喝着马丁尼时会不禁感到一种满足，因为他们还活着。"

艾伦将毛姆的遗体放在卧室里，开放数日让人们前来做最后的瞻仰。火葬后，骨灰装进孔雀石的瓶里，再装入一只小桃花心木的骨灰盒中，于12月21日运往伦敦。

毛姆的骨灰葬在坎特伯雷教堂尖塔之下，"毛姆图书馆"的墙角边。葬礼在坎特伯雷教堂长老与坎特伯雷皇家学校校长主持下进行。因为毛姆不信任基督教，因此在下葬当天没有唱诗班，也没有诵读颂词等宗教排场，只有一小列哀悼的送葬者，以丽莎为首。骨灰盒上的一块镀镍的牌上刻着："萨默塞特·毛姆——1874—1965。"坎特伯雷皇家学校是乔叟作品中朝圣者向往、参拜的地方，毛姆曾在这里度过了令他感到痛苦的童年，对于一个像他这样会说故事的人来说，这里无疑是最理想的最后的栖身之所。

毛姆被称为自狄更斯以来拥有最多读者的小说家，同时他还是一个孤僻却放浪不羁的戏剧家，一个曾经救死扶伤的社会名流，一位反对战争的宣传家和间谍。他有严重的性格缺陷，但却创造了大批赏心悦目的作品来弥补他的缺陷。他用挑剔的眼光看待着这个世界，同时也被世人挑剔地审视着。但无论如何，他的作品经历了一代又一代读者的认可和推崇，光凭这一点，他便达到了世界对他提出的一切要求。